中华
经典通识

《老子》通识

郭永秉——著

中华书局

图书在版编目(CIP)数据

《老子》通识/郭永秉著. —北京:中华书局,2022.7(2024.8
重印)
(中华经典通识/陈引驰主编)
ISBN 978-7-101-15749-9

Ⅰ.老…　Ⅱ.郭…　Ⅲ.①道家②《道德经》-研究
Ⅳ.B223.15

中国版本图书馆 CIP 数据核字(2022)第 091953 号

书　　　名	《老子》通识
著　　　者	郭永秉
丛 书 名	中华经典通识
主　　　编	陈引驰
丛书策划	贾雪飞
责任编辑	胡正娟
封面设计	毛　淳
责任印制	管　斌
出版发行	中华书局
	(北京市丰台区太平桥西里38号　100073)
	http://www.zhbc.com.cn
	E-mail:zhbc@zhbc.com.cn
印　　　刷	天津裕同印刷有限公司
版　　　次	2022 年 7 月第 1 版
	2024 年 8 月第 4 次印刷
规　　　格	开本/880×1230 毫米　1/32
	印张 8½　字数 120 千字
印　　　数	13001-16000 册
国际书号	ISBN 978-7-101-15749-9
定　　　价	59.00 元

编者的话

经典常读常新，一代有一代的思想，一代有一代的解读。"中华经典通识"系列丛书，邀请当今造诣精深的中青年学者，为读者朋友们讲授通识课。希望通过一本"小书"，轻松简明地讲透一部中华传统经典。

本系列丛书由复旦大学陈引驰教授主编，每本书的作者都是该领域的名家，他们既有深厚的学养，又长于深入浅出，融会贯通。每本书都选配了大量相关的图片，图文相生，能增强阅读的趣味性。

希望这套丛书，能成为人们了解中华传统文化的可靠津梁。

目　录

"光而不耀"的"巨著"《老子》

如果把《老子》看作是中国现存第一部成体系的哲学家著作，那么也就可以说，我们对中国古代哲学思想的系统性认知，是以《老子》为开端的。一百多年前，胡适先生出版《中国哲学史大纲》，截断众流，以老子、孔子为中国哲学诞生时代的两位哲学家。老子的年辈高于孔子，所以，说他是中国古代哲学的开山鼻祖确实并不为过。

在老子、孔子之前，当然也有很多称得上思想家、政治家的人物，他们立德、立言，成为春秋以后人效法、引据的典型；他们的言论本或有篇什记录，但后来大多散佚，经由春秋战国时代的君主、贵族、政治家、学者之口援引而被我们所知。从现存资料来看，这些人通常是遵循殷周以来传统政治秩序、道德法则以及言说方式来表达自己思想的。例如，仲虺（与老彭并称的商代贤臣）、史佚

（周初史官）、周任（上古良史）、臧文仲（春秋前期鲁大夫）等先于孔子的著名贤人的箴言，都着眼于人伦、政治方面经验教训的总结：

1. 史佚有言曰："兄弟致美。"（《左传》文公十五年）

2. 史佚之《志》有之曰："非我族类，其心必异。"（《左传》成公四年）

3. 昔史佚有言曰："动莫若敬，居莫若俭，德莫若让，事莫若咨。"（《国语·周语下》）

4. 史佚有言曰："因重而抚之。"仲虺有言曰："亡者侮之，乱者取之，推亡固存，国之道也。"（《左传》襄公十四年）

5. 仲虺有言，不穀说之，曰："诸侯之德，能自为取师者王，能自取友者存，其所择而莫如己者亡。"（《吕氏春秋·骄恣》）

6. 周任有言曰："为国家者，见恶如农夫之务去草焉，芟夷蕴崇之，绝其本根，勿使能殖，则善者信矣。"（《左传》隐公六年）

7. 周任有言曰："为政者不赏私劳，不罚私怨。"（《左传》昭公五年"仲尼曰"引）

8. 周任有言曰："陈力就列，不能者止。"（《论语·季氏》"孔子曰"引）

9. 臧文仲闻之曰："以欲从人则可，以人从欲鲜济。"（《左传》僖公二十年）

10. 臧文仲曰："国无小，不可易也。无备，虽众，不可恃也。"（《左传》僖公二十二年）

11. 臧文仲有言曰："民主偷必死。"（《左传》文公十七年）

虽然只是片言只语，但从中管窥早期中国的政治家、思想家、史官所关心的主题，大致不外乎如下几个方面：第一，国族对外的相处、压制、攻取及守备之法；第二，治官、临民、莅政之道；第三，君主、贵族个体的德行修养；第四，宗族内部的人伦规范。尽管他们有时也意识到"俭""让"等卑约之德的价值，但在主体给予一定克制的前提下，总体上是不否定个人之"欲"的，主张以积极进取的态度去处理政治与人生中所遇到的各种情况：对于外国、异族要存有戒备，对于乱国危邦要侮慢以至攻取，对邦国内的罪恶要彻底剿灭，重视选任能人、师法贤者对执政治国的意义等。作为服务于王朝、诸侯的菁英，他们创造、遵循并完善着既有的天下秩序、人伦规范，适应于不断拓土开疆、发展生产、丰富物质的历史进程，嘉言懿行数百年间不绝如缕地被后世铭记。

然而，被孔子描述成"先进于礼乐""郁郁乎文哉"的商周古代社会，实际并没有那么美好，尤其是东周以后的历史逐步演变成"内废公族、外灭人国"（钱穆先生《国史大纲》语）的失控舞台剧，旧有的秩序、规范、道德被打破了，但又找不到出路、看不见希望，弱肉强食、劣币驱逐良币的法则引导了社会历史进程主流。

孔子说，《诗》"可以怨"（《论语·阳货》），意思就是《诗》可用以"发泄牢骚"（朱自清先生《诗言志辨》语）。按照司马迁《报任安书》中的看法，《诗》三百篇都是"贤圣发愤之所为作"的，正所谓"心之忧矣，我歌且谣"（《诗经·魏风·园有桃》）；《周易》《春秋》《国语》诸书，同样是古圣先贤因"意有所郁结，不得通其道"而作。在有资格立言的主流知识分子、贵族之外，其实还有相当多对国家社会前途、百姓命运怀有隐忧与不满的人，他们多半不得遂志，又"畏天命、畏大人、畏圣人之言"（《论语·季氏》），所以要么是选择做隐士逸民，要么把怨刺寄托于历史著作、文学作品中，以抒胸中愤懑。

胡适先生《中国哲学史大纲》的开篇，就把《诗经》当中所反映的时代思潮归纳为"忧时派""厌世派""乐天安命派""纵欲自恣派"和"愤世派（激烈派）"。他说这些思潮"没有一派不是消极的"。"到了这时代，思想界中已下了革命的种子了。这些革命种子发生出来，便成了老子、孔子的时代。""老子亲见那种时势，又受了那些思潮的影响，故他的思想，完全是那个时代的产儿，完全是那个时代的反动。"他甚至把老子称为"革命家"。

老子是不是一位"革命家"，也许还可以讨论。我们只知道，老子与史佚、周任身份接近，是服务于周王朝的"史"（虽然他在王朝内的职务、地位不能与史佚、周任这些地位隆崇的良史相比）。他深通古礼，习知文献掌故，然而作为开宗立派的思想家，他又呈现出与以往不同调的、卓立的批判色彩，不是一位温柔敦厚的妥协者。

老子的批判性，并非体现在对具体人事的形而下反

唐周昉《老子玩琴图》

美国弗利尔美术馆藏。

思，也不通过情感浓烈饱满的文学创作来鞭挞与控诉，更非诉诸天帝、鬼神以求安慰解脱。他抱有沉重的忧患意识，结合自身职掌与训练，从古中国原始思想的元素当中汲取养分并加以扬弃利用，由此深刻思考终极性、普遍性的问题与方法，向统治者提出自己善意的建言。这一整套主张，与前述所有主积极进取的传统治术大为不同，显示出老子对宇宙、社会、人生深邃的观察与独到的智慧，是对中国古代文明高度发达时所凸显出的各种问题的根本性省察。他的睿智箴言虽然未必能为侯王君主所用（甚至未必能为在位者真正理解），却在以儒术为基调的古代政教传统之中，自然地形成一种巧妙的制衡力量与补充手段，影响至为深远。

老子思想清净无为的一面为世人所习知，这是老子重视柔弱之德的智慧。章太炎对老子学说中"阴骘"之术高明于儒家的地方评价不低。他在《訄书·儒道》里说：老聃著五千言，"其治天下同，其术甚异于儒者矣"。"儒家之术，盗之不过为新莽；而盗道家之术者，则不失为田常、汉高祖。……其始与之而终以取之，比于诱人以《诗》、礼者，其庙算已多。夫不幸污下以至于盗，而道犹胜于儒。"取法道家之术的政治家，往往具有更多的谋略，考虑得更透彻，比起只重虚文末节的儒生仍要胜过一筹，即便从窃国者来看，也是道胜于儒。然而，机谋深刻，对于私欲膨胀的君主、政客甚至窃国者而言意味着什么，章太炎又在《訄书·儒法》中用八个字告诉我们："道其本已，法其末已！"儒道互补、道法相生，在"儒表法里"的政治统御术主调之下，老子创立的道家思想从来不是可以轻忽的低音，与另外两者之间构成了富有弹性的思想张力，制衡历史车轮的前进。

从一部中国古书的角度而言，《老子》也有几个值得我们特别注意的地方：

首先，全书不出现具体的人物、事件、对话（纵有问答也是自问自答），完全是一部格言体裁的著作。然而这些格言，也并不记载说话人姓甚名谁，仿佛空谷中回响着一位容颜模糊的旷古智者的大段诗意独白（这种诗意，主要来自全书大部分章节严密用韵的特色）。日本学者福永光司解释《老子》中的"我"说：

老子的"我"是跟"道"对话的"我"，不是跟世俗对话的"我"。老子便以这个"我"做主词，盘坐在中国历史的山谷间，以自语著人的忧愁与欢喜。他的自语，正像山谷间的松涛，格调高越，也像夜海的荡音，清澈如诗。

　　《老子》的独白是类于呵壁问天式的，但又不像屈原《天问》那样落到对历史细节的关心上。文字所涉无一具体人事，这在古代中国著述当中独树一帜，完全可以说是前无古人。后来分章节的"语录体"著作方式或许多少滥觞于此书，但韵旨则皆远不可及了。

　　其次，因为篇幅小、韵文又适于记诵，所以《老子》在历代流传极广（这种流传必然不单单是书面的抄写流布）；道教成立以后，《老子》又被奉为这门宗教的主要经典，流传的版本相当多。李若晖先生主编《老子异文总汇》，收罗了一百余种《老子》版本，编成500多页的8开大书。这在任何中国典籍中似乎都难以找到可相比较的例子。但事情总是一体两面的，《老子》的阅读、研究因此而具有特别的有利之处，因为从战国时代的《老子》选抄本一直到唐宋时代的《老子》文本序列相当之完备，也许除了《诗经》之外，先秦典籍很少可以观察到这样完整的文献流变脉络（有意思的是，这正好是两种有韵的上古文献）。《老子》文本、思想的演变及其接受史，因此就格外具备探究的条件了。但因为《老子》的版本极为复杂、文字上的歧异不可胜数，而且异文占全书的比例相当之高，这导致对它的研究举步维艰。

第三，大凡简单的话语，就比较容易产生理解上的歧义。早期的古典著作多有这方面的问题，例如解读《论语》就相当不易，主要就是因为话语简洁、背景难晓。《老子》言简意赅、类于诗体，多义性的指向也非常突出。汉语本身就带有相当程度的模糊性，而且我们其实并不完全知道，到底老子就是将问题看得非常复杂、不愿意把话说得太明白，或者是因"趁韵"的考虑而把许多话讲得形式美感大于表意的确切，还是他本来确实是有一个明确的意思，只是后来人在运用、说解《老子》文本时丛生歧读异解（当然，也很有可能上述这几方面是同时交织的）。司马谈在《论六家要旨》中早已感叹，道家学说"其实易行，其辞难知"。学术史上从《韩非子》《庄子》以来，关于《老子》文本内容无穷无尽的解释争论、引用发挥，多半都与这方面的因素牵连。学者常说"《诗》无达诂"（见董仲舒《春秋繁露·精华》，《说苑·奉使》作"《诗》无通故"。所谓"《诗》无达诂"的含义，在经学史、文学史上颇有争论，此取一般认为的《诗》可断章取义、没有遍彻所有场合的诂训的意思），我想同样也可以说"《老》无达诂"。李若晖先生为《老子》第一章做了汇集古今解释的工作，编成近 900 页的《老子集注汇考》第一卷，亦可见一斑。可以说，《老子》一书，迄今仍有个别章的文句无法确解，有待后来者不断努力。这也是《老子》一书能吸引千百年来的学者去探索、读解的特殊魅力所在。

第四，中国古代典籍在世界上影响力最广远的，不是《论语》，也不是《孙子兵法》，而很可能是《老子》。据德国学者在 20 世纪 80 年代末统计，《老子》西文译本的总数在 250 种以上；2019 年美国学者邰谧侠（Misha Tadd）编录《〈老子〉译本总目》，搜集了《老子》73 种语言的 1576 种译本，并称该书是除《圣经》以外译本最多的经典。我想，这不单是因为《老子》短小精悍、较便迻译，更主要是由于《老子》"正言若反"（78 章）的智慧、深具思辨色彩的特点，在以军国大事、礼乐教化、人伦日用为主要关注点的中国古代典籍中，尤能吸引西人目光的缘故。

最后，《老子》与一门真正的也是中国唯一本土产生的宗教——道教密切相关联。有的学者认为，老子这个人的经历、风格，在司马迁的《史记》中已经是西汉流行的老寿的神仙形象，带有神仙家的味道了，因此东汉以后的道教奉老子为道教创始者，奉意旨玄远的《老子》为教派最重要经典，或者换句话说，从先秦古书中最具神秘主义玄妙气质的《老子》思想里孕育出希望通过得"道"而成为神仙的"道教"来，是十分自然的。好像中国还不曾有其他的古书，在建立一种宗教的意义上，可与《老子》相提并论，而这跟上面我们提到的《圣经》在某种程度上倒有着相似性。如果承认鲁迅对许寿裳说过的那句名言——"中国的根柢全在道教"不是一句错误的判断，同时承认在儒法治术之下道家的底色与补充，那么也可以认为，要真正懂得中国文化，不读一读《老子》恐怕也是不行的。

《老子》五千言，言约旨远，意蕴深刻，在中国古代学术思想史上，它是一部奇异小书，也是一部"光而不耀"（58章）的"巨著"。对于这样一部奇异而玄妙的著作，要用通俗的话讲清楚、讲透彻，是很难的。同时，历代的《老子》阐释研究著作浩若烟海，总体性介绍的普及读物也可谓汗牛充栋。为这样一部宏深而简约的著作撰写一本篇幅虽很有限，但实际上字数已十多倍于讨论对象本身的通识小册子，无疑注定了是一件既絮叨不堪，又佛头着粪、吃力难讨好的尴尬差事。但正是因为《老子》的伟大，所以我才甘冒举鼎绝膑之讥，向诸位读者用略浅近的学术语言来绍介这部书。如果最终能够激发读者进一步阅读、研究《老子》的兴趣，而不至引初学者入于歧途，则已是写作本书之大幸运。

本书虽然努力尝试把学者的研究成果与自己的若干心得尽量简明地介绍出来，恐怕相对于一般的通识书籍来说仍比较艰深一些。我认为，学术普及虽然要亲近读者，但不必刻意用浅显而不精确的话语去取悦读者，更应该把读者当成较量的对手；名为"通识"的书，也不见得只满足于一般性知识的重复。因此，我没有把这本书定义为一部普通的消遣读物。本书大致想在以下两方面作出一些努力：一是突出学术前沿性，不人云亦云；二是人详我略，人略我详。是否有当，敬请读者不吝赐教。

关于本书体例，要说明几句。因为《老子》文本流传错综复杂，无法也没有必要一一说明异文。本书引用《老子》一般据书后所附北京大学藏西汉竹书《老子》校定文本。为便阅读，通用字等直接按照传世本文字或合理的读法破读（即不再隶写原简字形并加括注），读者如要了解北大本用字情况可以覆按书后附录；北大本文字间有问题，需要据出土他本补充和校改的，则行文中另作说明。书中征引《老子》文句，只称章数，章次按通行王弼本标示。因为是通识作品，本书尽量少出脚注，撰写时曾加以参考的文献列于全书最后，读者可按图索骥，延伸阅读。

下面，我们就一起尝试走近这部书的作者——老子。

老子是谁

  作为《老子》的读者，我们往往希望知道这部书的作者生活在什么朝代，是个什么样的人，是干什么的。因为，这跟阅读这部书本身也有一定的关系。《孟子·万章下》记孟子对万章说："颂其诗，读其书，不知其人可乎？是以论其世也。"成语"知人论世"即源于此。读书诵诗，要了解这个诗书作者的背景和相关的时代状况，我们才能知晓作者为什么要写下这些著作。老子是春秋人还是战国人，看似只差几百年，但古代历史在这当中经历了巨变，作者说话的背景、意图就可能完全不同，甚至有些话也许就不是那个时代所该有的了；老子是一个王朝的史官，还是一个隐士，就关系到他的出身、阶层，他的言论针对的到底是什么，话是对什么人而说，也就完全不同。

老子像

左图选自《历代古人像赞》，右图选自《集古像赞》。

　　但是，要真切了解"老子"这个人，又谈何容易！与《论语》《孟子》《墨子》《庄子》这些先秦经籍、子书的作者、编纂者的情况相比，《老子》一书的作者"老子"，更有其扑朔迷离的地方。

　　时光倒回差不多一百年前，围绕《老子》一书的作者"老子"到底是什么时代的什么人，以及《老子》是否老子所亲著等学术问题，学界展开了一场旷日持久的讨论，几十年间，数十位学者参与其中，最终也未能得到一个公认的定案。陈荣捷先生《战国道家》一文对此有非常详尽的评述，可以参考。旷日持久的论争产生的主要原因便是，关于老子的记载过于少，而相关文献的歧异与矛盾又特别多，问题相当复杂，各家往往因为对《老子》思想源流的认识不同，看法便出入很大。要在本书当中解决这个疑难，是不可能的，但我们可以尝试来把相关问题梳理一下。

1.《史记·老子列传》：疑信之间

研究老子这个人，绕不过去的，其实也是唯一可以依据的比较完整的记录，就是西汉时代成书的《史记》。

司马迁在《史记》卷六十三《老子韩非列传》这篇文献中，将老子与庄子、申不害、韩非合传，其深意留待本书第五章再谈；其中关于老子生平的记载却给我们留下了相当多的问号，也是后来争论的源头（如果说像《史记》记载的孔子、孟子、荀子生平和经历那样基本可靠，也就不会有这些争论了）。关于《老子列传》及相关文献的讨论及辨

《史记》卷六十一《老子伯夷列传》（一）

南宋建安黄善夫家塾刊本，现藏日本国立历史民俗博物馆。《老子列传》在《史记》中的位置，因时代不同而有所变动。黄善夫本以老子、伯夷同传，为卷六十一、列传第一，今中华书局标点本是以金陵书局刊行的《史记集解索隐正义合刻本》为底本，其卷六十三、列传第三为《老子韩非列传》。

《史记》卷六十一《老子伯夷列传》（二）

南宋建安黄善夫家塾刊本，现藏日本国立历史民俗博物馆。

正，以高亨先生《史记老子传笺证》最为详备，足资参考，但所论亦未必皆确。

因为《老子列传》的内容不长，我们不妨一段一段来读：

老子者，楚苦县厉乡曲仁里人也，姓李氏，名耳，字聃，周守藏室之史也。

——老子的籍贯、姓名和职官

孔子适周，将问礼于老子。老子曰："子所言者，其人与骨皆已朽矣，独其言在耳。且君子得其时则驾，不得其时则蓬累而行。吾闻之，良贾深藏若虚，君子盛德，容貌若愚。去子之骄气与多欲，态色与淫志，是皆无益于子之身。吾所以告子，若是而已。"孔子去，谓弟子曰："鸟，吾知其能飞；鱼，吾知其能游；兽，吾知其能走。走者可以为罔，游者可以为纶，飞者可以为矰。至于龙，吾不能知其乘风云而上天。吾今日见老子，其犹龙邪！"

——孔子向老子问礼

老子修道德，其学以自隐无名为务。居周久之，见周之衰，乃遂去。至关，关令尹喜曰："子将隐矣，强为我著书。"于是老子乃著书上、下篇，言道德之意五千馀言而去，莫知其所终。

——《老子》著成的缘由

或曰：老莱子亦楚人也，著书十五篇，言道家之用，与孔子同时云。盖老子百有六十馀岁，或言二百馀岁，以其修道而养寿也。自孔子死之后百二十九年，而史记周太史儋见秦献公曰："始秦与周合，合五百岁而离，离七十岁而霸王者出焉。"或曰儋即老子，或曰非也，世莫知其然否。老子，隐君子也。

——关于老子其人的异闻

老子之子名宗，宗为魏将，封于段干。宗子注，注子宫，宫玄孙假，假仕于汉孝文帝。而假之子解为胶西王卬太傅，因家于齐焉。

——关于老子的后代

世之学老子者则绌儒学，儒学亦绌老子。"道不同不相为谋"，岂谓是邪？李耳无为自化，清静自正。……太史公曰：老子所贵道虚无，因应变化于无为，故著书辞称微妙难识。

——对老子学说的评价

简单概括的话，《史记》的叙述可以给我们如下几个认识：

其一，老子名叫李耳，字聃，楚国人，做过周的守藏室史一职，好清静自隐、修道德，崇尚虚无，见周王朝衰颓而出走隐居，出关时应关令尹喜之求而著书上、下篇——《老子》，内容微妙难识。

其二，孔子曾到周问礼于老子，在听了老子关于持身处世的一番说教之后，对他评价极高，认为他是犹如"龙"一般不可捉摸和把握的人物。

其三，除了老子之外，还有两个跟老子有瓜葛的人。一是与孔子同时的老莱子，此人有道家著作十五篇；公元前4世纪中叶，还有一位向秦献公预言秦将有霸王者出的周太史儋，因为"儋""聃"音近，二人身份也类似，所以至少西汉时已经有人认为周太史儋就是老子，但对此也不乏争论。

其四，老子之后的世系为：老子—宗—注—宫—？—？—？—假（仕汉文帝时）—解（胶西王卬太傅）。也就

明张路《老子骑牛图》

图中描绘的是老子出关的故事。据说老子因感周代衰亡，决定西出函谷关。当时，守关的尹喜发现东方出现一片紫气，推测将有圣人到来。不久骑着牛的老子果然出现了，并应尹喜的请求，写下《道德经》后离开。这个故事因此在民间成为吉祥的象征。此图现藏于台北"故宫博物院"。

是说，西汉时尚有老子的后代存世。

由我们的理性和今天的科学认知出发，司马迁对老子身世经历的记录，的确存在很多的疑点，这在某种程度上与孔子把老子比作见首不见尾的"龙"，有些暗合的味道。年岁可能比孔子略长的老子，主要活动年代推测应该在公元前 6 世纪，其子竟然能在分晋、列诸侯之后的魏国出任武官，并且其八世孙已经生活在了公元前 2 世纪中叶的西汉文景时期。这世次关系早已引起历史上诸多学者的怀疑，例如，梁启超比照了孔家的世系，指出孔安国生活在景帝世，他已经是孔子的十三世孙了，老子却只有八代，这合理吗？

先秦是世族社会，非常重视谱牒，与司马迁几乎同时代的人宣称是老子之后，如果没有确凿的证据，不会被广泛认可，太史公想必也不会如此认真地记录在《史记》中，因此我们应该相信老子是一个真实存在的，且有著名后代的人物；但他又不同于孔子、孟子、荀子这些入世、干政的政治家、学者，老子是隐君子，世系叙述自有其"虚"的、"缥缈"的一面，因此到西汉文景时期，老子的后代究竟传了八世还是多少世，恐怕不可以机械地看待。

清人姚范、汪中，近人高亨皆认为，为魏将、封于段干的老子之子"宗"，其人可考，他就是《战国策·魏策》所记魏安釐王四年（公元前 273 年）华阳军之战被秦打败后，魏国派出与秦割地讲和的段干崇。这一点非常重要，而且很可能是正确的定点。从年世上看，段干崇之后六世左右至汉文帝，历百余年，于古人婚育情况大致也可相合，可见"宗"以下的世系非出于编造，大致值得信赖。

但是，老子之子生活在孔子死后两百年，老子本人非得活过两百年以上且尚能生育不可。其实，司马迁在前文已经埋下伏笔，他说："盖老子百有六十馀岁，或言二百馀岁，以其修道而养寿也。"如果不使用理性思维，以古人的思维去考虑，那么这个世系就并非不可以自圆。

当然，一个人的生命长短，在科技发达的今天，最长终究也不过百岁开外，先秦人活一百六十岁甚至两百

老子石刻像

岁，如果不是长寿者的自我夸饰，就是后人配合道家"修道养寿"思想的一种刻意神化。这种神化，当然也是对老子有目的的塑造。

因此，"老子之子名宗"，恐怕只能看成虚辞，不尽是历史事实。从事实上讲，我们推测可能性更大的世系是：

老子—……—宗—注—宫—？—？—？—假—解

"子"这个字在古代有一种泛指后代、继承者的用法（《荀子·正论》："圣王之子也，有天下之后也，埶籍之所在也，天下之宗室也。"杨倞注："子，子孙也。"韩愈《柳子厚墓志铭》："虽少年，已自成人，能取进士第，崭然见头角，众谓柳氏有子矣。"这些"子"就是子孙、后代这类泛泛的意思），也许将"老子"的神化身份暂时抛开，把"老子之子"宽泛地理解为老子的后代，也是可以的。这种调和论，可能不一定被所有人赞同，但我们读古书，应该多从古人的立场去考虑问题，而不应该贸然地说它是刻意伪造世系。

周太史儋这个人，在古书中只见于对秦献公的预言一事中，没有其他事迹。熟悉古书此类套路的读者应该知道，这是战国晚期秦在兼并战争中已经显露出代周一统六国趋势时的人为书写，实质上是以后来者的"上帝视角"、托古贤人之口说出的所谓"预言"。因此，在历史上是否真的存在过这样一位"周太史儋"恐怕是值得怀疑的。过去据此将老子时代推后至战国中后期，认为太史儋才是真正的"老聃"，太史儋是段干宗（崇）之父的种种推测，在我看来其实是本末倒置、不明主次的臆说，不必加以深辨。

我们倒是可以这样考虑，在假托秦出霸王以代周王预言的时候，为什么选择了一位身份、名字都与老聃那么接近的人呢？大致可以想到的，可能就是因为老子在战国中后期已经成为一个智慧渊深、年寿久长、半人半仙且地位崇隆的标志性人物，如箭垛一般，各种事情被加于其身，以更凸显其神异的特质而已。上古时代一人分化为二人、数人特质合于一人之身的事情多得很，符合传说分衍聚合的一般规律。因此，西汉时候有人认为这位太史儋就是老子，也不无缘由；可以说，这位"周太史儋"在老子传说的构建中，并非全无意义。

至于老莱子，从《史记·仲尼弟子列传》看，他与老子都是孔子所"严事"的对象（《列传》云："孔子之所严事：于周则老子……于楚老莱子。"），很显然就应该是两个人。从《老子列传》的叙述看，司马迁也确实没有把老莱子与老子混为一谈，他们二人的相同之处，大概就是都以道家学说为指归吧！《大戴礼记·卫将军文子》记孔子之言曰：

德恭而行信，终日言不在尤之内，在尤之外，贫而乐也，盖老莱子之行也。

《史记·仲尼弟子列传》司马贞《索隐》引《大戴记》云："德恭而行信，终日言不在悔尤之内，贫而乐也，盖老莱子之行也。"文字与此略有出入，但显然同出一源，应是唐时别本。《大戴礼记·曾子立事》记曾子语："君子终日言，不在尤之中；小人一言，终身为罪。"这很可能也是从孔子评价老莱子的话语里面摘取出来，又被曾子加以发挥的。从孔子的话里，可以推测老莱子是一位谨言慎行的隐士高人。过去钱穆怀疑老莱子就是《论语·微子》里"以杖荷蓧"的丈人，恐亦未必是。

战国时期，孔子严事老莱子的故事已经大行其道，《庄子·外物》篇中就有以孔子与老莱子之名的对话，阐述"善恶两忘，闭塞毁誉"（成玄英语）的思想，这应该是庄子后学所托。

《老子》通识

《庄子·外物》篇中托名孔子与老莱子的对话

2.孔子与老聃、老子、老彭、彭祖：历史与传说之间

孔子，无疑是先秦时代最重要的思想家、教育家。因为与孔子发生了关联，老聃生命中也就有了相应的高光时刻。以今天对文献形成的认识来判断，被记载在战国早期儒家七十子后学曾子学派著作《礼记·曾子问》中的孔子

问礼于老聃事，其可靠性是几乎毋庸置疑的，孔子与儒家后学完全没有必要假托一个老聃来为自己的学说装点门面。这一记载，沟通了孔子、老子二位大师的思想与生活经历，对我们认识早期儒道交涉弥足珍贵：

曾子问曰："古者师行，必以迁庙主行乎？"孔子曰："……吾闻诸老聃曰：天子崩，国君薨，则祝取群庙之主而藏诸祖庙，礼也。卒哭成事，而后主各反其庙。君去其国，大宰取群庙之主以从，礼也。祫祭于祖，则祝迎四庙之主。主，出庙入庙必跸。老聃云。"

曾子问曰："葬引至于堩，日有食之，则有变乎？且不乎？"孔子曰："昔者吾从老聃助葬于巷党，及堩，日有食之，老聃曰：'丘！止柩，就道右，止哭以听变。'既明反而后行。曰：'礼也。'反葬，而丘问之曰：'夫柩不可以反者也，日有食之，不知其已之迟数，则岂如行哉？'老聃曰：'诸侯朝天子，见日而行，逮日而舍奠；大夫使，见日而行，逮日而舍。夫柩不早出，不暮宿。见星而行者，唯罪人与奔父母之丧者乎！日有食之，安知其

清佚名《孔子行教像》

不见星也？且君子行礼，不以人之亲痁患。'吾闻诸老聃云。"（按：此例过去有人研究日食发生在孔子三十四岁［公元前518年］或四十一岁［公元前511年］。）

曾子问曰："下殇土周，葬于园，遂舆机而往，途迩故也。今墓远，则其葬也如之何？"孔子曰："吾闻诸老聃曰：昔者史佚有子而死，下殇也。墓远，召公谓之曰：'何以不棺敛于宫中？'史佚曰：'吾敢乎哉！'召公言于周公，周公曰：'岂不可？'史佚行之。下殇用棺衣棺，自史佚始也。"

子夏曰："金革之事无辟也者，非与？"孔子曰："吾闻诸老聃曰：昔者鲁公伯禽有为为之也。今以三年之丧，从其利者，吾弗知也！"

《曾子问》的这几段，涉及的主要内容分别是：孔子叙述老聃所说天子及国君去世、国君离国、大合祭于祖庙时，有关神主处理的仪节；孔子回忆与老聃助葬巷党、路遇日食时，老聃的相关处置及理由；孔子回忆老聃引用西周早期史佚"下殇"（古代称八至十一岁早夭的儿童）之子死及安葬事来说明"下殇"衣敛用棺的起始（涉及周、召二公的言论）；子夏问孔子，三年丧行"卒哭"（指丧礼行百日祭之后改为朝夕一哭的礼仪）祭时发生战争就不能逃避兵役，这种说法到底是否正确，孔子援引老聃的话说，这种情况是鲁公伯禽有特殊原因而这么做的，并告诉他现在的人是为了私利发动战争而以此为借口罢了。

读者也许很容易发现，这些记载里面蕴含着两个问题：一是《曾子问》里孔子提到的都是"老聃"而非"老子"，那么老聃究竟是不是老子？二是《曾子问》所记老聃是深通礼学的，且称述周公，这与《老子》一书的主旨是否乖违？

宋人朱熹、清人汪中由此发出质疑，因而否认著书上、下篇的老子即是孔子问礼的老聃。汪中在《老子考异》一文中认为，"言道德之意五千馀言者，儋也"，将孔子问礼的老聃同太史儋区分开，将《老子》书时代推后，这一意见是将《老子》著成年代推后到战国中期以后的各种说法的滥觞。当然，近代以来也有一大批学者，例如胡适、马叙伦、陈柱、唐兰、胡哲敷、蒋锡昌、郭沫若、吕振羽、高亨、严灵峰、徐复观、陈荣捷等，对此是深信不疑的。学术问题，虽然不是站队、投票，但是我想这么多学者不怀疑《曾子问》的老聃就是著书的老子，自有其道理在。

战国时期诸子著作中，老聃与老子往往互用无别，而且不同家派都是如此，例如：

阳子居南之沛，老聃西游于秦，邀于郊，至于梁而遇老子。老子中道仰天而叹曰……（《庄子·寓言》）

老聃有言曰："知足不辱，知止不殆。"夫以殆辱之故而不求于足之外者，老聃也，今以为足民而可以治，是以民为皆如老聃也。（《韩非子·六反》）

其说在老聃之言失鱼也。（《韩非子·内储说下》。此篇"说一"："势重者，人主之渊也；臣者，势重之鱼也。鱼失于渊而不可复得也，人主失其势重于臣而不可复收也。"）

《庄子》先称老聃，后称老子，可见老子是与孔子、阳子类似的敬称；《韩非子》将《老子》之文冠以"老聃有言""老聃之言"，可见作者不但认为老子就是老聃，而且认为老聃就是《老子》一书的作者。甚至我们看到《庄子》书中用以阐述学说而敷衍出的孔子见老子故事中，也同时称其为老聃和老子：

孔子行年五十有一而不闻道，乃南之沛见老聃。老聃曰："子来乎？吾闻子，北方之贤者也，子亦得道乎？"孔子曰："未得也。"老子曰："子恶乎求之哉？"（《庄子·天运》）

孔子见老子

这是现在能见到的最早的孔子见老子图。原石乾隆年间出土于山东省嘉祥县武梁祠，现已剥蚀模糊。此系《金石索》木刻摹本。

儒门相传的孔老相见之事传播开来，成为各家立说的公共知识资源。《庄子》的这些文字，皆不可以机械地看，如果因为《天运》的记载而认为孔子去沛地见过老聃，又据同书《天道》的记载认为孔子意图"西藏书于周室"而往见老聃，那么孔子的年谱就实在太难安排了。这些实在都是寓言，寓言的史料价值远不如在思想史上的价值。

同样地，《史记·孔子世家》记载，与孟懿子一起师事孔子的鲁人南宫敬叔，曾向鲁君要求与孔子一同适周：

> 鲁君与之一乘车，两马，一竖子俱，适周问礼，盖见老子云。辞去，而老子送之曰："吾闻富贵者送人以财，仁人者送人以言。吾不能富贵，窃仁人之号，送子以言，曰：'聪明深察而近于死者，好议人者也。博辩广大危其身者，发人之恶者也。为人子者毋以有己，为人臣者毋以有己。'"

这段内容，与前引《老子列传》孔子适周问礼于老子的事情、对话，皆可以互相印证比较。

　　过去很多学者，把《曾子问》所记孔子闻丧礼于老聃的事情与《孔子世家》的这段记载牵合，努力考证孔子、南宫敬叔适周的年岁以及该年是否能遇到日食等，似乎也把问题太简单化、太凿实了。《曾子问》《史记》这两种文献，时代层次及性质有很大不同。《史记》的记录从语言和内容两方面而言，明显带有战国后期乃至秦汉以后人的引申发挥成分。我们既不必坐实孔子只去过一次周问礼，也不必真就把南宫敬叔陪同下的这次适周问礼之行看成是历史上实有其事的。诸子和《史记》的引申发挥，只是在告诉我们，战国以降，孔子赴周问礼于老子之事是大家耳熟能详的，并且故事本身已经从问丧礼的核心逐步转向了老子向孔子教授自己的学说了。

　　至于现在人所纠结的，长于礼学的老聃，与《老子》的思想不能调和，这种问题在古人脑海中大概并不存在。老子善用祭祀为话题，例如："天地不仁，以万物为刍狗；圣人不仁，以百姓为刍狗。"（5章）"善建不拔，善抱不脱，子孙以其祭祀不绝。"（54章）或即长于礼之反映。我们很容易用学派特色明确以后的刻板印象去框限一个活泼泼的人的思想，但同时代或者切近其人其事的人，就不太会如此简单地去看问题，或者说不太会有后见之明。大家可以想一想，出身于新教牧师家庭的尼采，也曾虔诚学习神学，在大学教语文学，后来却喊出"上帝死了"，呼唤价值重估；鲁迅对古典传统的修养，在近代学人当中是非常突出的，可他却劝导青年"少看中国书"……这些事实与此不都多少有点类似吗？

正因为对传统理解得深刻透彻，才有抛下传统包袱反对传统的资质（没有这种包袱的人，根本谈不上对传统的反叛）。在礼仪制度已经违背了原初的本意，舍本逐末于繁文缛节，尤其是又处在一个时代、社会变革的关头，出现老子这样带有强烈批判意识的思想家，丝毫不足为奇。可以这么说，《曾子问》不但不是老聃与《老子》关系的反证，反而更加积极地证明老聃思想的复杂层次与理路，对理解《老子》思想的形成特别重要。

总之，战国以降各家学说对话交锋的认识基础，可以表述如下：孔子问礼的老聃即老子，曾著《老子》五千言。

孔子问礼

四川新津崖墓石函画像。原函已毁。

到了汉代以后，孔子见老子的故事已经广为流传，在祠墓画像中间成为重要的主题，邢义田、缪哲等学者对此有深入研究。汉代的这类美术作品的创作基础，正如学者所说，在于"'孔子见老子'是战国秦汉的公共知识"。

读过《论语》的读者，可能对孔子的一句话并不陌生："述而不作，信而好古，窃比于我老彭。"（《论语·述而》）关于"述而不作"的意涵，我在后文中还会谈及，此处不赘。被孔子称述的这位"老彭"，也见于《大戴礼记·虞戴德》所记孔子语：

> 公曰："教他人则如何？"子曰："否，丘则不能。昔商老彭及仲傀，政之教大夫，官之教士，技之教庶人。扬则抑，抑则扬，缀以德行，不任以言。庶人以言，犹以夏后氏之衬怀袍褐也，行不越境。"

《虞戴德》篇也应该是战国文献，虽然是否是孔子话语的真实记录不能确知，但至少是除了《论语》之外对"老彭"此人的最早记载。依照此说，老彭与仲傀（旭）都是商代贤臣，孔子称述这位贤臣，就书论书似乎是很说得通的。可《论语》中孔子所说的这位"老彭"前面还有个"我"字，王夫之《读四书大全说》讲，这是"亲之之词，必亲面相授受者"，故而主张老彭就是孔子问礼的老聃。先不说王夫之不及看到的《述而》此句在出土文献中间的异文（如定州汉简《论语》此句作"［窃比］我于老彭"），其实孔子先世是宋国人，即殷人之后（孔子认同"野人"，

即居处于鄙野的被统治的殷人后代的"先进于礼乐",可见其自
矜文化及族属身份),自比殷贤人时,加个"我"字以示亲
切也不是不可以的,所以王夫之的这个结论似略显粗率,
"我老彭"的"我"并非就是指向老子的硬证。

历史上对"老彭"为何人的异说尚不止于此。有人认
为"老彭"是两个人,如郑玄、王弼认为老是老聃,彭是

彭祖

选自清丁善长绘
《历代画像传》,
清光绪二十二年
刊本。

彭祖等，不一而足。我认为最重要的一个意见是《论语》邢昺《疏》所指出的：

> "老彭"即《庄子》所谓彭祖也。李（颐）云："名铿，尧臣，封于彭城。历虞、夏至商，年七百岁，故以久寿见闻。"《世本》云："姓篯名铿，在商为守藏史，在周为柱下史，年八百岁。篯音翦。"一云即老子也。（引按："李云"、《世本》，邢《疏》当袭自《庄子·逍遥游》陆德明《音义》。）

也就是说，老彭就是彭祖，也可能就是老子。邢昺的说法，不完全是对郑玄等人意见的调和，而是基于彭祖和老子的诸多共同特点立论的。清人赵翼《陔馀丛考》对此有非常详细的比对与讨论，主张彭祖与老聃就是一个人，值得参考。从古书记载看，这两个人确实有着诸多相似和相关：

第一，二人都长寿且年代互补。战国以下传说中，彭祖历虞、夏、商三朝（《天问》"彭祖斟雉帝何飨"，王逸注："谓彭祖以雉羹进尧而尧飨之也。"说明至少在战国中期的传说中，彭祖已经上推到唐虞了），汉代人甚至说"颛顼师老彭……孔子师老聃"（《潜夫论·赞学》），把彭祖又上推到五帝前期，应该是民间传说进一步的夸张。老聃长寿，已见前述。这里可以进一步补充的是，老聃的时代，可能在稍晚一点被塑造成与彭祖几乎时段相衔。刘向《列仙传》说老子"生于殷时"，汉代道家著作（如《淮南子》《文子》）及《说苑》等盛称老子师商容，商容（或写作"常枞"）以舌示老子守柔之旨事，可见《列仙传》所言非虚。幽王二年，西周三川皆震，有"伯阳父（甫）"预言周亡之事（《国语·周语上》《史记·周本纪》），或以为即"周柱下史老子也"（裴骃《史记集解》引唐固说），《列仙传》以老子字伯阳（王念孙《读书杂志》认为《史记》因此羼入老子"字伯阳"的内容，为很多人信从），当与此类认识有重要关联。所以，如果计入前文已提及的可能也是被附会作老子化身的周太史儋，老子自商、西周、春秋、战国的序列是完整的。总之，这两位长寿的智者，可以认为是先后交替、位置互补的。当然，有时候也会有名实交错或者误解的现象，例如《吕氏春秋·当染》"舜染于许由、伯阳"，东汉高诱注："伯阳，盖老子也，舜时师之者也。"这个伯阳可能不一定与老聃有关，但可以说明伯阳即老子异称的说法至少在东汉已经很流行。按照上引《天问》王逸注及李颐的讲法，既然彭祖是尧臣，不知曾影响过舜的这位伯阳是否与彭祖有关。

第二，传说中两人所任之职非常近似，且有平行演变的痕迹。老子是"守藏室之史"或"征藏史"（《庄子·天道》）。守藏、征藏，本来就是征收、保藏东西的意思（"征""藏"对举见《逸周书·大匡》"程课物征，躬竞比藏"。《老子》44章："是故甚爱必大费，多藏必厚亡"，语或与老子职掌有关），并不特指藏书，"史"也未必就是史官，而更可能是佐史（负责文书、籍簿、出入计算等）一类的身份，大概因为《天道》说孔子欲西藏书于周而见老子，所以老子身份才逐步演变成史官（《礼记·曾子问》《疏》引郑玄《论语注》说是"周之太史"），甚至被汉唐学者称为"柱下史"，或者是调停作"为周柱下史，或为守藏史"（《礼记·曾子问》《疏》引《史记》云，与今本《史记》不同，或为唐代别本），有的竟然坐实"老子，文王时为主藏史，武王时为柱下史"（《经典释文叙录》引"葛洪云"）。后面这两种表述，除了先后次序及时代不尽一致，基本上与《世本》对彭祖的描述是相同的。

第三，彭祖的世系出身与老子的国族相关。老子，历来有楚国人与陈国人二说，一般认为是东周时苦县先后属陈与楚的不同，因为有《老子列传》下文"老莱子亦楚人也"的"亦"字，可以确证《史记》本作"楚"无误。而篯铿即彭祖的世系，见载于《国语·郑语》《大戴礼记·帝系》及《世本》等（《郑语》："彭姓，彭祖、豕韦、诸稽，则商灭之矣。"），属于所谓"祝融八姓"或"陆终六子"之后（此二说为同一传说之分化），己、董、彭、秃、妘、曹、斟、芈，李学勤先生在《谈祝融八姓》一文中指出，这八姓原来是"互有血缘关系的氏族，他们经过悠长的历史阶段，分散到各地，形成了一系列大国小国"，"大彭为商伯，为商人所灭。大彭的别封豕韦，或简称为韦……韦据《长发》也是在夏末被汤伐灭的"。这提醒我们，前述传说中彭祖的时代历虞、夏、商，此后就换作老子出场，恐非出于偶然，这或许与大彭被商人灭掉，彭姓此后不彰，后人有意将两者在历史上对接起来叙述有一定关联。

第四，彭祖、老聃有时一起出现，被古人视作关联人物，例如："孔甲且不足慕，焉称殷彭及周聃！"（《后汉书·张衡列传》)甚至有时候古书里看起来并列的"彭、聃"其实是偏指彭祖的，例如：

> 玄、素有要，近取诸身，彭聃得之，五卷以陈。(《列仙传·女九》)

李零先生在《中国方术考（修订本）》中指出，《彭祖经》是在《玄女经》《素女经》的基础上整理而成的，所以他没有像很多点校《列仙传》的人那样在"彭聃"之间施顿号，这或许都是正确的。这种偏指的称呼，应该是东周以后彭祖、老聃界限逐渐模糊的自然结果。

第五，出土文字资料中出现的一些彭祖言论，与老子的思想有相通之处。例如上博简《彭祖》记彭祖回答耇老之语中有"怵惕之心不可长，远虑用素，心白身怿"（6号简）、"毋怙富，毋倚贤，毋向桓（鬥／斗）"（8号简），素虑白心、不恃富贵贤能、不参与争斗皆是典型的道家主张。也有学者认为清华简《殷高宗问于三寿》中武丁与彭祖的一段对话中的某些思想与《老子》及《易传》思想相近。

我在这里并不是要否认老子实有其人，但是这一位被司马迁赞叹为"其犹龙邪"的人物，他的身世、经历，一定有附会、夸张的成分，甚至在被放大的过程中，难免与更早的老寿睿智人物发生混同和关联；老子思想也决不是凭空产生的，其与更早时代的思想之间的纽合点，也许能从这些现象中得到一些启示。

3. "南方之强"与南人的智慧渊源

前文述及彭祖、老聃的国族地域都与南方相关，这一情况也有值得注意之处。过去王博先生等讨论过老子思想的史官特色，这当然有一定道理，在后文我们还会提及这方面的痕迹。同时，我们也不能忽视老子思想与南人智慧的渊源关系。高亨先生已举出战国文献证明周秦时期已经把孔子视为北方学派，把老子视为南方学派，二者互有畛域。其中最重要的一条材料来自《中庸》：

子路问强。子曰："南方之强与？北方之强与？抑而

强与？宽柔以教，不报无道，南方之强也，君子居之。衽
金革，死而不厌，北方之强也，而强者居之。故君子和而
不流，强哉矫！中立而不倚，强哉矫！国有道，不变塞
焉，强哉矫！国无道，至死不变，强哉矫！"

高亨、杨向奎等皆明确认为"宽柔以教，不报无道"
就是老子的思想与学风，杨氏进而指出楚国经济发展的特
点正是当地隐士产生的社会根源，见于《论语》的"狂接
舆、长沮、桀溺和荷蓧丈人全是这一流的人物，老子后来
也是'莫知其所终'的"（《老子的思想》）。

《老子》思想特别看重"水"："上善如水。水善利万
物，而又争居众人之所恶，故几于道矣"（8章）；"天下莫
柔弱于水"（78章）。

为何"水"那么受到老子的重视？可能也与其生活
的地域有关。按照与《老子》第8章意思颇相关联的《管
子·水地》的讲法：

明仇英《莲溪鱼隐图轴》局部

"水善利万物"，可以饮用，煮水烧饭；可以灌溉农田，滋养五谷；可以行舟，载重远行。

　　夫水淖弱以清，而好洒人之恶，仁也。视之黑而白，精也。量之不可使概，至满而止，正也。唯无不流，至平而止，义也。人皆赴高，己独赴下，卑也。卑也者，道之室，王者之器也，而水以为都居。

水柔弱而清且能洗去人的污秽，水色晦暗（例如深潭渊泉）却能反照外物，至满至平而止、甘处卑下的特性，基本上也都是道家所赞扬的"水"所具有的品质，因此《水地》把"水"称为"具材"（即具备各种美好品质之材），并进而论述不同地域水的特质与当地人民品性之间的关联：

> 夫齐之水，道躁而复，故其民贪粗而好勇；楚之水，淖弱而清，故其民轻果而贼；越之水，浊重而洎，故其民愚疾而垢；秦之水，泔最而稽，垽滞而杂，故其民贪戾，罔而好事；齐、晋之水，枯旱而运，垽滞而杂，故其民谄谀而葆诈，巧佞而好利；燕之水，萃下而弱，沉滞而杂，故其民愚戆而好贞，轻疾而易死；宋之水，轻劲而清，故其民闲易而好正。

与前文"淖弱以清"特质完全一致的是"楚之水"。从气候角度而言，南风比起北风也明显更为柔弱不竞（例如《灵枢·九宫八风》云："风从南方来，名曰大弱风……风从

北方来，名曰大刚风……风从东南方来，名曰弱风……"）。《左
传》襄公十八年："晋人闻有楚师，师旷曰：'不害，吾骤
歌北风，又歌南风，南风不竞，多死声，楚必无功。'"杜
预注："歌者吹律以咏八风，南风音微，故曰不竞也。师
旷唯歌南北风者，听晋、楚之强弱。"这些风土方面的特
性，多少塑造了当地的思想特质。任继愈先生在《老子
绎读》中说："老子思想来源于荆楚文化，首先表现为对
'水'的歌颂。荆楚水乡，以水滋养万物的印象，远远超
过北方。……老子对水的歌颂与理解大大超过生活在北方
邹鲁的孔子。"老子思想的重水、崇尚柔弱，确实应该孕
育于楚地思想重宽柔、卑弱的特色。北人强悍善战、枕兵
甲而卧（前引《中庸》）；把表示携带兵戈外出打仗的"武"
字人文化、理性化解释为"止戈为武"的第一人，则正是
春秋时代的楚庄王（见《左传》宣公十二年）。老子的反战、
厌兵思想，很难说不与南人的这种智慧关涉。

《荀子·宥坐》记载：

孔子观于东流之水。子贡问于孔子曰："君子之所以

见大水必观焉者，是何？"孔子曰："夫水遍与诸生而无为也，似德。其流也埤下，裾拘必循其理，似义。其洸洸乎不淈尽，似道。若有决行之，其应佚若声响，其赴百仞之谷不惧，似勇。主量必平，似法。盈不求概，似正。淖约微达，似察。以出以入，以就鲜洁，似善化。其万折也必东，似志。是故君子见大水必观焉。"

不知这段是子贡与孔子对话的实录还是儒家后学所托，但即使是孔子原话也并不奇怪。孔子借水的品质来讲儒家所尊崇的德行，但很容易看出"德""义""道""勇""善化"诸端其实大多来自《老子》思想。儒道思想在"水"上找到了契合交会点，学术传承的脉络亦可见端倪。

《中庸》里面的孔子把居于南方的"君子"特质描述成"和而不流"，这也正符合老子所主张的处世哲学，既"和其光，同其尘"（意谓无所特显，无所特贱，4、56章），同时又"不欲琭琭如玉，珞珞如石"（意谓不欲如玉那般珍贵，如石头那般坚硬，39章），坚持原则，走自己的路。"不欲琭琭如玉，珞珞如石"所代表的，也许正是"南方之

郭店楚墓竹简《老子》

强"的"守中"（5章）精神。

目前所知的《老子》各种出土本，郭店楚墓竹简、马王堆西汉墓帛书、北大藏西汉简，都是在楚地或者故楚地埋藏的（北大简《老子》81章"气（既）以为人，已俞（愈）有；气（既）以予人，已俞（愈）多"，以"气"为"既"的用字习惯，显然与战国时期楚国等地用"𤈦"为"气"的习惯有关。北大简其他篇章也可见楚地的文字特点，此处不赘）。唐代傅奕《道德经古本篇》传出北齐彭城人盗发项羽妾冢所得古本（裘锡圭先生指出"项羽妾冢"说与该本的避讳情况不合，应不可信），应该也是故楚地的写本。前些年据传有一批入藏安徽大学的楚简，内中也有《老子》，可惜残损严重，迄今未见整理发表。西汉前期河间献王刘德好古书，访求而得的先秦古文旧书中有《老子》，但这书恐亦未必是河间所出，不排除是来自千里之外南方的抄本。（《汉书·景十三王传》）探究老子思想的渊源以及《老子》在先秦的流播地域，这些情况是很值得重视的。

二 《老子》这部书的性质

1.《老子》是一部完整的著作还是格言汇抄

《老子》八十一章体量不大，虽然形式颇为特殊，与先秦诸子著作特点不太一样，但传统一直是将这部书作为老子所撰作的一个有机著作整体来看待的，这种看法至少可以追溯到司马迁在《史记·老子列传》中所表述的"著书上、下篇，言道德之意五千馀言"的判断上。

先秦的著作，与后世文献的体例与形成过程都有不同之处，余嘉锡先生《古书通例》曾在清人研究基础上概括出"古书不皆手著"的规律。先秦到秦汉时代的古书，跟后代著作情况的不同之处主要在于：很多书当中的内容并非同一著者所作，包含不少后来人增益、弟子附记之语，不可因此一概斥某书为伪书。如果以这样一种规律来推测

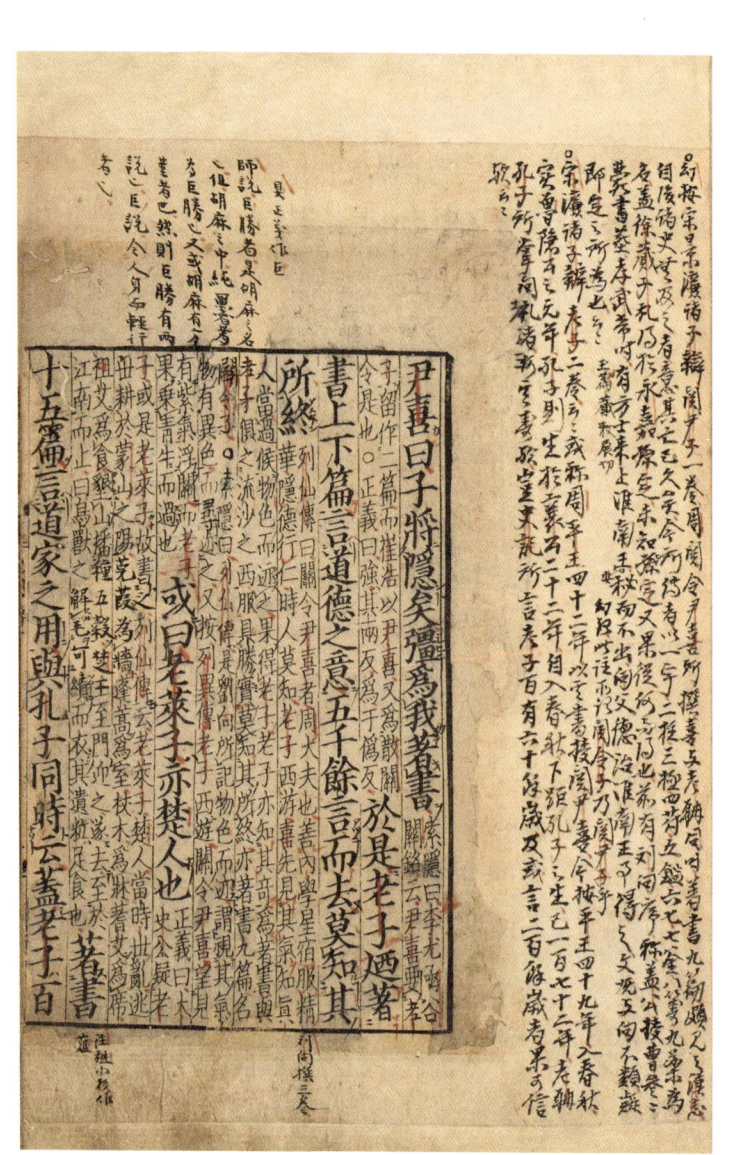

《史记》卷六十一《老子伯夷列传》(三)

南宋建安黄善夫家塾刊本,现藏日本国立历史民俗博物馆。

《老子》的成书，就当然容易重新审视传统判断，将八十一章的内容视为一种以老子为主要著作者的、老子学派的格言汇抄。例如，主张《老子》是战国时代产物的冯友兰先生在《中国哲学史新编》中对《老子》就是这么分析的：

　　《老子》这部书，虽然很短，统共不过五千来字，但也和大部分的先秦著作一样，是一部总集，而不是某一个人于某一个确定时期的个人专著。所以其中有许多前后不一致，甚至有互相矛盾的地方。例如，早期的道家，如杨朱之流以"为我"为其中心思想。可以真正认为是我的，就是我的生命，我的身体。所以也讲究一些养生的理论和方法，以延长寿命，保护身体。这种思想发展下去，就成为"修炼"以求长生不死的思想，后来成为道教。这种思想在《老子》中是有的，像第十章中所讲的："载营魄抱一，能无离乎！"等等，就是这种思想。它也就是"深根固柢，长生久视之道"（第五十九章）。……但《老子》也讲："吾所以有大患者，为吾有身。及吾无身，吾有何患？"（第十三章）这就完全否定了"长生久视"的思想。……《老子》又说："夫唯无以生为者，是贤于贵生。"（第七十五章）"无以生为"就是说，不要以养生为事，"贵生"就是重视生命，想尽方法保护生命。……贵生和不贵生是矛盾的，可是这两种思想《老子》中都有。也可以说，《老子》的基本思想，还是贵生，不过它认为要以不贵生为贵生。但是像它所说的"天下之大患为我有身"，那就明确地否定了"长生久视"。

像这种的情况，《老子》中还有。比较重要的是它对于"有""无"的说明，书中各处不同。……

这也不足为《老子》病。因为它本来并不是某一个人在某一时期写的，而是一部总集，一部哲学格言汇编。如果看不到这一点，对于那些前后不一致甚至互相矛盾的地方，强作统一的解释，那就有困难。

其实这段论证没有经过文本的细致分析，略嫌粗率，不能成为《老子》非出于一人之手的理由。"有""无"概念本来就玄奥抽象，各处表述说明不尽一致或各有侧重并非奇怪之事，这只是"有""无"内涵的丰富性的体现，学者们对《老子》"有""无"的理解也有所不同（参看本书第三章）。至于长生久视、贵生与视身体为大患所在之间的所谓"矛盾"，则要多说几句。

这几段内容在《老子》中都跟治国治民的主张有关，比较集中地反映了老子的社会政治理想：

何谓贵大患若身？吾所以有大患者，为吾有身；及吾无身，吾有何患？故贵为身于为天下，若可以尼（宅／托）天下矣。爱以身为天下，若可以去天下矣。（13 章，文句据郭店简本和马王堆帛本校补）

治人事天，莫如啬。夫唯啬，是以早服。早服是谓重积德，重积德则无不克，无不克则莫知其极，莫知其极则可以有国，有国之母可以长久。是谓深根固柢、长生久视之道也。（59 章）

民之轻死，以其求生之厚也，是以轻死。夫唯无以生为者，是贤贵生。（75 章，文句据帛书本校补）

第 13 章的内容过去多有误解（部分误解的产生也与文字内容的错讹相关），这章的几个"为"字其实都不是实义的表示"治理"或"修治"义的动词"为"（平声），而是介词"为"，此"为"念去声（于伪切），起引进目的宾语的作用。《诗经·大雅·云汉》中"何求为我？以戾庶正"的"为"当可与之类比，"为我"介宾结构在句中作"求"的宾语（朱熹《诗集传》："固非求为我之一身而已，乃所以定众正也。"）。"贵为身于为天下"，就是把为自身看得比为天下更加重要，这跟此章前面提到的"大患"（即相当于"死"）与"身"齐等而"贵"显然相关，也就是强调在个人需在"为天下"之前先重视自己的死生问题。44 章所谓"身与名孰亲？身与货孰多？"十分显豁地强调"身"的重要性。老子认为，正因为"有身"，所以有大患，因此才要慎重对待自己的死生，如果没有这方面准备的话，就没有资格宅居天下（或者说被托付天下）。《老子》26 章："奈何万乘之王，而以身轻于天下？"高明先生《帛书老子校注》云："身者人之本也，伤身失本，身且不保，焉能寄重托民？"似可移用来解释此句"贵为身于为天下"的意思。

但是老子又反对因为顾惜自身太过而不愿意为天下献身的人来治理天下，他的最高理想是彻底忘记自身而不顾生死荣辱（即到了"无身"也就"无患"的境界）。"爱以身为天下，若可以去天下矣"，就是说，如果舍不得为天下而献出自身，那就应该离开治理天下的这个位子。"去天下"，其实就是归隐。老子要求有志于取天下的人一定先要重视和珍爱自身，但一旦要为天下献出自身（名誉乃至生死）的时候也必须要舍得出去，否则，就都不具备治理天下的资格。（《战国策·齐策三》"孟尝君奉夏侯章"章有

元盛懋《老子授经图卷》局部

"吾以身为孟尝君"的说法,《吕氏春秋·不侵》也有"天下轻于身,而士以身为人。以身为人者,如此其重也"的说法。《老子》"以身为天下"的语法结构和语义皆可与此二句参照。从《不侵》篇来看,当时一般士人都把自身看得比天下要重,所以能为人献身的士人,当然就值得宝重。然而,老子所提出的境界和针对的对象自更高于这种士人,他理想的统治者即"圣人",是甘愿为天下舍弃自身一切包括生死荣辱的人。关于13

章"宠辱若惊"一节的意思，详见本书第四章。)《庄子·让王》《淮南子·道应》记大王亶父为避狄，杖策而去，民从亶父至岐下而"成国"的故事，谈"虽富贵，不以养伤身；虽贫贱，不以利累形"的道理，《道应》并引《老子》13章末两句为结，颇得此章"托天下""去天下"的意旨。

第75章则是从"民"的方面立说。老子告诉统治者，老百姓之所以轻忽死亡，正是因为谋求生路的念头过重，与本章上节"人之饥也，以其取食隧之多也，是以饥"认为老百姓饿肚子是因为他们取食之途过多的缘故正相照应，皆正言若反的典型话语。老子的意思是说，为了求得生存之充裕、富足，老百姓什么都豁得出去（例如选择使用不法的手段致富而不顾性命）。因此不提倡以厚生为目的的生存，比起贵重生命来要好，这种状态才符合老子自然无为的理念。59章所提倡的"治人事天"以"啬"的准则，其实也是这个意思，啬即爱啬、俭啬，不尚厚生。因此，《老子》中关于"无身"、不贵生的命题，都是在治国治民方面具有特定指向和立场的表述，老子主要是针对取天下、治天下的在位者如何达到长久安稳的目的而提出的最高期待，与就一般个体修养而言的"贵身"不是一个层面的问题。

可见，拿出《老子》中的一些看似矛盾的话而不加以具体分析，来证明《老子》为成于众手的格言汇编，是没有说服力的，而反过来讲，《老子》里的这些主张如果厘清其层次与对象，其实是有其内在的逻辑的。

不过也有学者从另一方面指出了《老子》文本中的一些现象，试图证明《老子》非一人所纂，非老子自著。这些现象大致分作两类：一是《老子》中存在与其他先秦古书相类的内容；二是《老子》内部往往有重出互见的文句。

马叙伦《老子校诂》（1924年出版时原名《老子覈诂》）曾指出第一方面的情况：

《老子》五千文中"谷神不死"四语，伪《列子》引为《黄帝书》，黄帝虽无书，而古来传有此说，后人仰录为书，则许有之。故《吕氏春秋》《贾谊新书》皆有引也。又"将欲取之，必姑予之"，此《周书》之辞也；"强梁者不得其死"，此周庙《金人铭》之辞也；"天道无亲，常与善人"，郎𫖯上便宜七事引以为《易》之辞，则《老子》盖张前人之义而说之，不自创作也。又《汉书·艺文志》道家前有伊尹、太公、辛甲、鬻子四家，则道德之旨不始《老子》而有所承。

马先生此段意在说明《老子》的撰作有所继承，其学术渊源于前人的道德学说。查《吕氏春秋·去私》开篇说："天无私覆也，地无私载也，日月无私烛也，四时无私行也，行其德而万物得遂长焉。"接着引"黄帝言曰：'声禁重，色禁重，衣禁重，香禁重，味禁重，室禁重。'"《应同》引"黄帝曰：'芒芒昧昧，因天之威，与元同气。'"《圜道》引"黄帝曰：'帝无常处也，有处者乃无处也。'"《新书·宗首》引"黄帝曰：'日中必𤑚，操刀必割。'"《修政语上》引"黄帝曰：'道若川谷之水，其出无已，其行无止。'"这些书中引用的内容，多是黄老学派的学说，有些主旨确与《老子》十分接近（如《修

政语上》所引），有些则明显是发挥《老子》的学说（如
《去私》所引），显然，我们不能用魏晋以后伪书《列子》
所引《黄帝书》与《老子》有相合之语，来证明秦汉著
作中的《黄帝书》文句就是《老子》的学术来源，毕竟
我们没有发现这些秦汉的书中所引的黄帝语有与《老子》
相重合的部分。

《说苑·敬慎》所引《金人铭》、《战国策·魏策一》
和《韩非子·说林上》所引《周书》与《老子》内容相合
的例子，高亨《老子正诂》也同样指出了。《战国策》等
引《周书》的内容是"将欲败之，必姑辅之；将欲取之，
必姑与之"，与传本《老子》36 章内容略有异。《战国策》
鲍彪注引王应麟说，以为所谓《周书》就是苏秦所读《周
书阴符》，或以为就是《汉书·艺文志》著录的《太公》
一书中的内容，这类著作的时代学术界一般不认为太早，
很可能与纵横家《鬼谷子》一类书籍有渊源关系。"天道
无亲"两句也见于《后汉书·袁绍传》李贤注引《太公金
匮》，当与所谓"《周书》"的性质类似，也属于《太公》
类著作。关于《金人铭》"强梁者不得其死"，辑校黄帝类

文献的严可均在《全上古三代秦汉三国六朝文》此条下指出："此铭旧无撰人名，据《太公阴谋》《太公金匮》，知即《黄帝六铭》之一。"这几条材料所从出的著作类型极为接近，多少显示出著作本身的内在逻辑和编纂特点。如果这些内容不是《太公》类著作与《老子》共同袭用了某些更早的睿智格言，则很可能是战国时代的《太公》类著作喜欢袭用并阐发《老子》思想，而不大可能是反过来的情况。《金人铭》长篇的思想，大体与《老子》相合，从著作源流看，恐怕应当视为对《老子》思想的发挥。魏源《老子本义》也看出《金人铭》与《金匮》《黄帝六铭》的关联，不过魏氏以及后来不少研究《金人铭》的学者（如颜中其先生）都认为金人铭是"黄老源流所自"则恐非是。

《老子》在著作过程中，必然受到历史环境和思想潮流的影响。前文中，我曾提及老子与更老寿的前辈彭祖之间的密切关联，已经暗示其思想当有所承继。具体而言，例如颜中其先生指出在《诗经》中反映的周代贵族所重的"柔德"，"不识不知，顺帝之则"的"不竞智慧技巧一任淳朴"，"依顺大自然法则的思想"，都可视作《老子》思想形成的部分基础。王博先生提及的《诗经》中常见的"无为"与《老子》哲学范畴的"无为"之间的关联，裘锡圭先生推测的老子和孔子之前已存在的"天道无为"思想，都是老子重要哲学范畴形成的条件。我们从《左传》《国语》当中引及的春秋时人的话中，常可见这样的内容：

> 范文子……曰："君幼弱，诸臣不佞，吾何福以及此！吾闻之，'天道无亲，唯德是授'。"（《国语·晋语六》）
>
> （宫之奇）对曰："……故《周书》曰：'皇天无亲，惟德是辅。'"（《左传》僖公五年）

这些思想应当是春秋战国时期人非常熟悉的，例如《离骚》"皇天无私阿兮，览民德焉错辅"就是对这些古老思想的发挥。《老子》79 章"天道无亲，恒与善人"中的"善人"应当就是指循道行事的有德之人，可见此语就是古老历史智慧的直接继承与发展。很多学者都已经指出，《老子》中常见如下这类话：

是以"建言"有之曰：明道如昧……（41章）

故圣人之言云：我无为而民自化……（57章）

用兵有言曰：吾不敢为主而为客，不敢进寸而退尺。（69章）

故圣人之言云：受国之诟，是谓社稷之主；受国之不祥，是谓天下之王。（78章）

此皆应是对前贤及古文献中韵语格言的引用，在此基础上阐述老子本身的主张。我在下一节会集中谈一谈这类早期的谣谚格言与《老子》撰作之间的关系。但总的来说，《老子》书中的绝大部分内容，都并不见于其他早期文献，即使《老子》直接引及的圣人之言和建言，也多不见于他书（其中78章"受国之诟"与《左传》宣公十五年晋大夫伯宗语"国君含垢，天之道也"有关，可能是对古语的引申发挥），或许是老子托理想中的圣人之口立言亦未可知。

总之，《老子》全书依傍程度很低，具有高度的原创性，这一点是不容否认的。钱基博先生拿出《老子》与古书重出的文句（如黄帝书、金人铭）来证明这是《老子》

"张前人之义而说之，'述而不作'也"，恐怕是对《老子》原创性的过度贬低。

第二方面的情况，或被称为"同文复出"，从清代学者开始就有不少具体论述和分析。近人蒋建侯在《老子考》中，以《老子》"重见叠出之语"比《论语》更多，主张"其非老子自著，非过关时著成"，其子蒋伯潜《诸子通考》对此补充道：

《老子》中重出之语，不胜枚举。例如"挫其锐，解其纷，和其光，同其尘"，见第四章及第五十六章（五十六章"纷"作"忿"）；"生而不有，为而不恃，长而不宰，是为玄德"，见第十章及第五十一章；"物壮则老，谓之不道，不道早已"，见第十三章及第五十五章；"塞其兑，闭其门"，见第五十二章及第五十六章；此文字完全相同者也。又如第二章"万物作焉而不为始，生而不有，为而不恃，功成而弗居"；第三十四章"万物恃之而生而不辞，功成不名有"，均与上引第十章及第五十一（引者按："一"字原脱）章之语，文异而意同。又如第二十二章"不自见故明，不自是故彰，不自伐故有功，不自矜故长”，第二十四章“自见者不明，自是者不彰，自伐者无功，自矜者不长”，措辞虽似相反，意亦相同。此意同而文字略异者也。《老子》全书仅五千字，如果老子自著，成于一时，何至前后重复如此？

此类情况（包括语意相似而文字不全同者）还有一些，例如：“是以侯王自谓孤、寡、不穀，此其贱之本邪？非也？故致数誉无誉”（39章）和“人之所恶，唯孤、寡、不穀，而王公以自命也”（42章）；“是以圣人居无为之事，行不言之教”（2章）和“不言之教，无为之益，天下希及之矣”（43章）；“夫唯无争，故天下莫能与之争”（22章）和“不以其无争邪？故天下莫能与之争”（66章）；“其在道也，馀食、赘行，物或恶之，故有欲者弗居”（24章）和“夫觟美，不祥之器也，物或恶之，故有欲者弗居也”（31章）；等等。把这些多少在内容上有重合、近似文句的章数统计一下会发现，《老子》全书八十一章的四分之一以上存在与它章重见叠出之语，这个比例不算低。

我认为，这类现象应该从两方面分析。

首先，有二十多章中的文字彼此存在同文近似的情况，是文本内部关系互相勾连的反映，暗示《老子》全书的学术来源是单纯、统一的，而非杂糅多人思想的产物。老子在阐说立言时，自然很可能会把比较重要的话反复地讲，针对类同的情况说出同样的话来（如前举 24 章和 31 章），甚至用到不同话语背景当中，这都是不奇怪的；即使文本中存在老子后学的增益，也应是学派内部学有宗旨的工作，思想同出一源，亲缘关系极近，以至很难辨别区分。同时值得注意的是，《老子》早期传本中只有同文复出两处的地方，三次以上全同的则几乎不见，这暗示重出文句的情况，也未必全然出于作者、编纂者的无意识或偶然失误。

其次，这种现象也提示我们，《老子》作为老子学术思想的结晶，确非本人亲著（尤其不可能是出关之前临时所著），较大可能是弟子后学加以整理和编纂的。因为在编纂过程中，往往融会了不同批次的材料，就很容易产生重出互见的现象（这种现象在《论语》中也常见）。需要指出的一点是，《老子》全书的分章、文句归属情况颇为复杂，这是由《老子》一书的著作特点所决定的。一直到崇尚黄老的汉初，《老子》文本也没有彻底固定，尚处于细微调整过程中。同今本八十一章系统最为接近的，是汉武帝时北大本的七十七章系统，它们之间还存在一些章次分合、文句所属之章的细小差异，与更早的《老子》抄本（20世纪70年代出土的马王堆汉墓帛书《老子》两种与90年代出土的郭店楚墓竹书《老子》三组）的分章、文字增删之异同就更多了。郭店简本与今传本的异同，裘锡圭先生曾有详细研究；帛书本与今传本的章次不同有三处（24章位于22章之前；41章位于40章之前；80、81章位于67章之前），或以为帛书本的章次比较合理，但今本的这几处章序北大本已尽同，何者合理（或者是否需要纠结章序的逻辑合理性）仍待研究。裘锡圭先生通过郭店简本的分章及章次关系的线索，推测今本的有些章很可能在较早期（如战国时代）当析分为两到三章，并且指出《老子》分章变化的趋势是合而不是分。据说，有研究者曾根据帛书甲本的墨钉信息（可能包括勾识符号），把《老子》分为一百多个单元（章）。无论其结论是否符合实际，都足以让我们知道，

《老子》语录的"单位"原来可能是比较小的，后来在流传编纂的过程中逐步归并，有些章便是在这样若干个比较小的"单位"的基础上凝结成功的。在这样的过程中，自然不可避免地会有不同章合并了内容类似的小"单位"而成的现象。例如 30 章的"物壮则老"三句，汉代简帛本皆有，但郭店简甲组该章就没有这三句，仅见于甲组相当于 15 章的部分（无末句"不道早已"）。

马王堆汉墓帛书《老子》两种与郭店楚墓竹书《老子》三组，对我们了解《老子》的成书及编纂过程有极大的助益。尤其是郭店简三组《老子》抄本所显现出来的一些迹象已经引起了学者的高度重视，情况大致可归纳为三个方面：

首先，郭店简三组《老子》抄本内容全部见于今传《老子》，一共约占今本《老子》五千言内容的三分之一。虽然郭店简《老子》不少单元并不抄录整章，但大部分的分章情况不与今本矛盾，甚至有个别章次先后关系也同于今本。这说明上面提到的语录小"单位"凝结排列的大方向是总体趋同的。

第二，郭店简三组《老子》抄本互相之间重合的内容很少，仅今本64章后半在甲、丙二组中同现。过去64章后半常被《老子》研究者认为是29章的错简，这主要是因为注意到29章也有类似内容，但实际上此类现象上文已谈及，并不足为异。从北大本看，64章后半原本正是独立于64章前半的另一章。

第三，郭店简三组的抄写，经过事先筹划，甚至可能有若隐若现的内在主题。

学者因此多认定郭店简《老子》是一个有目的的摘抄本，而不是处于形成过程中的《老子》格言语录"单位"的结合体，也就是说，至晚在公元前4世纪，一个相当接近于目前所见的《老子》五千言的本子已经存在了。这个时间距离老子的时代不是很远，从上古典籍的形成规律推测，《老子》最有可能就是老子的弟子和再传弟子根据老子的言论及留下的文字编纂而成的，它既是老子的语录汇编（可能间有后学的增益），也应该被视为一部有机统一的整体性著作。

2. 谣谚体箴言的起源与《老子》的性质

《老子》文本几乎绝大部分用韵。在先秦著作当中，只有《诗经》《周易》《楚辞》等少数几部与之接近，这一点已经有很多学者指出过。《诗经》《周易》与《老子》思想及内容之间可能存在的关联，王博先生有较多探讨。但要谈到《老子》的著作渊源与文献性质，则很可能与周代祝史一类官员的写作职能直接相关。

李学勤先生在《〈称〉篇与〈周祝〉》一文中对这一问题有比较深入的讨论，他指出古代"祝"专掌文辞（不限于宗教祭祀），而祝、史往往兼通，出于职业需要而积累辑集格言谚语，《周祝》、马王堆帛书《称》篇体裁与《老子》类似，《老子》又与《称》的思想一脉相承，结合《汉书·艺文志》"道家者流，盖出于史官，历记成败存亡祸福古今之道……此君人南面之术"，可知以《老子》为代表的道家思想，直接导源于史的经验。不过，李先生没有对《周祝》和《老子》的早晚作出判断。

《周祝》与《老子》，存在形式与内容上的多方面关联，例如押韵的方式特点、使用的概念范畴和关心的话题（例如道、天地、阴阳、牝牡、刚柔）等。从思想上看，似乎《周祝》比《老子》要更早更原始一些，例如在讲到"道"的问题时，《周祝》说：

故日之中也仄，月之望也食，威之失也阴食阳，善为国者使之有行。是彼万物必有常，国君而无道以微亡。故天为盖，地为轸，善用道者终无尽；地为轸，天为盖，善用道者终无害。天地之间有沧（引按："沧"是"寒"从古文本翻转成隶书时的错字）热，善用道者终不竭。陈彼五行必有胜，天之所覆尽可称。

……

维彼大道，成而弗改。用彼大道，知其极，加诸事则万物服；用其则必有群，加诸物则为之君；举其修则有理，加诸物则为天子。

从前一段可以看出《周祝》是从天行有常、五行相胜的自然角度来理解"道"的。所谓"大道"，晋代孔晁为

《逸周书》作注认为即"天道"，应该是正确的。因此《周祝》关于"道"的思想总体上仍接近自然主义天道观。老子正是在这样的一种基础上创立自己的"道"的概念。我们甚至从"加诸事则万物服……加诸物则为之君……加诸物则为天子"几句中，仿佛能看到《老子》39 章"天得一以清，地得一以宁，神得一以灵，谷得一以盈，侯王得一以为正"几句立论的先声。这里我们并不是主张《周祝》的写定成篇一定在《老子》之前，但从思想脉络上来看，《周祝》很可能是先于《老子》的。

日本学者高木智见先生对《左传》《国语》等古书中记载的贤臣特别是史官一类人物的言论中与《老子》思想相通相近的成分有细致梳理。他主张《老子》思想脱胎于负责观察天道的史官思想，史官通过观察和归纳天文、自然及人世间的各种现象总结出有循环、回归、反复特征的"天道"，老子则提炼出更加原理性的存在——"道"。其说值得参考。《周祝》篇应该就是周代史官在观察总结天道、人事的基础上撰写的箴言祝辞。可以推想，这类资料在西周到春秋本是大量存在的（包括李学勤先生指出的《逸周书·殷祝》篇末谈及"阴阳""雌雄"的誓词也都属于这类材料），《左传》《国语》中的知识分子、官僚，尤其是祝、宗、卜、史一类人物的言谈中明引暗用的"故志""闻之曰"等，很可能许多也来自于这些文献。

过去主张《老子》晚出的学者，往往提出一个依据，就是蒋伯潜先生在《诸子通考》中所言"散文韵语夹杂之议论文，盖起于战国时"。例如提出了"王道"概念的《尚书·洪范》，其中就有"无有作好，遵王之道；无有作恶，遵王之路。无偏无党，王道荡荡；无党无偏，王道平平；无反无侧，王道正直"一类文字，常被认为是战国五行说盛行之后的东西。其实根据多种较新的研究成果，《洪范》更大可能是在西周著成的，并非战国作品，韵散交杂的文体在中国上古时代无疑很早就已出现。《洪范》名义上是箕子为武王所作，实际上恐怕应是西周祝史一类具有高度文化修养和对自然、社会及历史有深切体察的人物所作的箴祝文辞。

这些成篇及不成篇的零章散句，构成今天可知的《老子》撰作的文献基础和思想资源。老子提出的"道"，无

论是从"天道"还是《洪范》等古书的"王道"来看，都
与史官思想有着千丝万缕的关联。

3. 老子站在何种立场创作《老子》

老子身处中国古代社会的剧烈变革期，对《诗经》所
谓"高岸为谷，深谷为陵"有着深切的感受。传统的贵族
宗族所有制逐渐崩溃，新兴的政治势力不断取代旧贵族
的地位，诸侯国之间征战兼并不息，百姓无所聊生，这
些无疑都在老子的视野当中。在思想方面，老子最为深
刻的洞察，大概是传统宗教信仰的逐步瓦解。对过去的
"天""上帝"的权威性及其是否公正、有德的质疑，带有
下民的强烈怨愤与虚幻之感，只要读一下《诗经》，不难
体会这种信念上的迷茫。老子在他构建的道论基础上，就
社会问题、政治问题提出了自己的一套主张。

民生艰困，老百姓走投无路，是老子关切的问题，
《老子》反复提到：

不尚贤，使民不争；不贵难得之货，使民不为盗。（3章）

夫天多忌讳，而民弥贫。（57章）

人之饥也，以其取食隧之多也，是以饥。百姓之不治也，以上之有以为也，是以不治。民之轻死也，以其生之厚也，是以轻死。（75章）

老子提出的解决方式，并不是发展生产、提高民众生活水平的"厚生"路数，而是基于其统治者"无为"、下民"无欲"的思想，期望百姓能回到浑朴无知、为腹而不为目的、符合于"道"的状态中（参看本章第一节的相关讨论和第三章第二节的相关词条）。他关心民生问题，无非是站在统治者、为政者的立场考虑的。《老子》中自称的"吾""我"以及"圣人"，很多学者指出这是一回事，都指得道的侯王而言，这在原则上是不错的。

不过，老子自己又往往站在作为"道"之本体的、更为超脱的位置发言，以阐明"道"为万事万物变化运动之规律和能够主宰万物的特质。例如：

道恒无为。侯王若能守之，万物将自化。化而欲作，吾将填之以无名之朴。（37章；此章与32章"道恒无名，朴虽小，天下弗敢臣。侯王若能守之，万物将自宾"也有义近复出的关系。）

民恒不畏死，奈何其以杀惧之也？若使民恒必畏死，而为奇者，吾得而杀之，夫孰敢矣？恒有司杀者，夫代司杀者杀，是代大匠斫也。夫代大匠斫者，希不伤其手矣。（74章）

其实把上引这两章合观即可发现，"吾得而杀之""吾将填之以无名之朴"的"吾"就是"司杀者"，这个"司杀者"的"吾"显然不是侯王。刘笑敢先生指出37章的"吾"显然是高于侯王的，"似乎也是圣人之类的人"，十分正确。这里的"吾"是"道"本身的显现，有点类似方东美先生所谓"道成肉身"说，亦即"道之高明盛德可以具体而微地呈现在圣人身上"。

对老子的政治观，过去陈敏之先生有一种看法，认为老子所谓的"无为"，其实是"为了圣人（统治者）的表面

勿憍果而不已得是果而勿強物壯則老是

謂不道早已

夫佳兵者不祥之器物或惡之故有道不

處君子居則貴左用兵則貴右兵者不祥

之器非君子之器不得已而用之恬淡爲上勝

而不美而美之者是樂殺人夫樂殺人者

不可得志於天下

吉事尚左凶事尚右偏將軍處左上

將軍處右言以喪禮處之殺人衆多以悲

哀泣之戰勝以喪禮處之

道常無名樸雖小天下不敢臣僕王若

能守萬物將自賓天下相合以降甘

露人莫之令而自均始制有名名亦

既有夫亦將知止知止所以不殆辟道

之在天下猶川谷之與江海

知人者智自知者明勝人者有力自勝

敦煌本白文《道德经》（S.792）

上的'无为'政治而必须有所为，甚至'无不为'"。"老子的批判，充其量也不过是小骂大帮忙。……如果老百姓有一点越轨非分的举动，立刻凶相毕露，必得'执而杀之'，使之'孰敢常'。而杀人只有统治者才有这个权，'司杀者杀'，杀人权当然是不能旁落的。"（《关于〈老子〉的笔记》）但顾准先生对这类看法提出了怀疑，他认为应该探讨"老子的'道'的主体是谁的问题"，也就是"有司杀者杀"究竟是谁杀，这涉及《老子》全书主旨的解释问题。这种质疑很有价值。

老子要告诉统治者的是，如侯王不守道而行，百姓不能自化服从于道，也就不畏惧死，这时候侯王用死亡来威胁百姓是无用的；一旦侯王守道，百姓将自化，则更无须杀，万一下民有欲将作并"为奇"、造反时，永远有"道"来处置、匡正之甚至杀之（传本《老子》"镇之以无名之朴"的"镇"在郭店简本中写作"贞"，可能应读为"正"），侯王不用冒着自己斫伤手的危险，代替道来执刑杀之责。因此老子的政治理想显然是不主张用杀的。顾准先生还说：

我认为，老子是在替侯王常保富贵设想，无为政治、愚民政策，都是为侯王出谋划策的……然而他究竟不同于主张侯王或皇帝有权纵欲、可以对老百姓横征暴敛、还要用礼或刑法把老百姓的行为和思想搞得服服帖帖的儒法诸家。从全书来看，他的这种主张是一贯的，他主观上也许还是好心好意的。(《老子的"无名"是反对孔子的伦常礼教的有名论的吗？》)

这个意见是中肯的。

但必须指出的是，不少人都已看出，老子所谓"愚民"与我们一般所理解的法家所主张的愚民政策不同，老子所向往的是上下都处于淳朴、无为的状态，统治者自己也需要卑弱谦让、守道而行，陈鼓应先生《误解的澄清》(《老子注译及评介》一书《代序》)对此有详细讨论。《汉书·艺文志》述"道家"源流的部分，前文已曾提及，这里再看一下全部内容：

道家者流，盖出于史官，历记成败存亡祸福古今之道，然后知秉要执本，清虚以自守，卑弱以自持，此君人南面之术也。合于尧之克攘，《易》之嗛嗛，一谦而四益，此其所长也。及放者为之，则欲绝去礼学，兼弃仁义，曰独任清虚可以为治。

"秉要执本""清虚以自守""卑弱以自持"，就是符合"道"的行为，老子所讲的"君人南面之术"就是要统治者以道治身持国，少私寡欲、视素抱朴。就这一点来说，老子主观上确实是抱持着"好心好意"来说教的。至于过去有学者批评他所提倡的理想社会状态、社会秩序与进化之理相背，站在今天的立场看似不无道理，但徐梵澄先生《老子臆解》认为，老子的意思并非如此：

若推其意，以人类之不齐，万物之相胜，皆率自然之道而返于朴，则且归于野蛮时代，文明亦几乎息矣，尚何"自宾""自均"之有？老子之意，盖不其然。或者，仍诲人以"知止"（引者按：指"始制有名。名亦既有，夫亦将知止"。北大本"制"作"正"，与各本有异）），谓此有其极限也。要之，此不失为一至高远之理想。

也就是说，侯王在"名"既已制作之后，要承认这一事实，要知止而不可刻意，既要守道无为，又不能真倒退到"无名"的状态。如果这种对于"知止"的主体的解释合乎《老子》原意的话，那么老子本来并没有真正彻底弃绝文明、归于野蛮的意图，而确实是"高远之理想"。宋人王安石注《老子》11 章说："故无之所以为用者，以有毂辐也；无之所以为天下用者，以有礼乐刑政也。如其废毂辐于车，废礼乐刑政于天下，而坐求其无之为用也，则亦近于愚也。"陈柱先生《老子之学说》认为："老子亦非不见及此也。""老子盖未尝去有，特以当时之人，皆从事于'有之为利'，而忘夫'无之为用'，故为矫枉过正之谈耳。"

我们读《老子》33 章和 57 章都会发现，除了腹实、骨强之外，老子其实并不反对百姓生活的富足；但他所向往的是无事而自富、富而知足，就是说，为政者不干涉、百姓不攀比炫耀，不把"富"这件事情挂在心上的境界才是老子崇尚的。他的哲学正如刘笑敢先生在《老子之自然与无为概念新诠》一文中所说，"是对常见的干涉性、

控制性的统治方法的否定和修正","是一种政治智慧和
社会理想的表达",纯以进化论立场来批判老子思想的消
极,似乎并未中肯綮。关于这一点,本书第五章还会有所
涉及。

三 《老子》要义及要语

1.《老子》要义

《老子》虽仅五千字，内涵却相当丰富，用非常简略的话概括此书的主旨，肯定不会非常全面周到，为了让读者对《老子》主要的主张有一大致宏观印象，姑且尝试言之。

首先，有必要看一下战国到西汉时代大学者们的巨著对老聃学派的权威描述与评论：

老子有见于诎，无见于信。……有诎而无信，则贵贱不分。(《荀子·天论》)

以本为精，以物为粗，以有积为不足，澹然独与神明居，古之道术有在于是者。关尹、老聃闻其风而悦之，建之以常无有，主之以太一，以濡弱谦下为表，以空虚不毁万物为实。……老聃曰："知其雄，守其雌，为天下豀；知其白，守其辱，为天下谷。"人皆取先，己独取后，曰："受天下之垢。"人皆取实，己独取虚，无藏也故有余，岿然而有余。其行身也，徐而不费，无为也而笑巧。人皆求福，己独曲全，曰："苟免于咎。"以深为根，以约为纪，曰："坚则毁矣，锐则挫矣。"常宽容于物，不削于人，可谓至极。关尹、老聃乎！古之博大真人哉！（《庄子·天下》）

老耽（聃）贵柔。（《吕氏春秋·不二》）

李耳无为自化，清静自正。……老子所贵道虚无，因应变化于无为，故著书辞称微妙难识。（《史记·老子列传》）

结合《庄子》和《史记》的表述看，老子学说可能是从某些"古之道术"那里继承了求本、知足、淡然的精神，发展出柔弱谦下、空虚无藏，对万物宽容不毁的核心要旨，在处世方面崇尚不争先、受垢辱、居处下位、守雌，在修身方面主张求曲全身以免殃咎，清净无为、不尚机巧，反对坚锐冒进而遭毁挫。因此，《荀子》把老子的核心要义概括为一个"诎（屈）"字（委曲谦卑），并批评老子学说之弊在于对"信（伸）"的价值没有充分认识，其导致的结果是"贵贱不分"及与儒家礼乐文明价值观的直接对立，故而《史记》对儒家和老子学说的分歧，借用了孔子语"道不同，不相为谋"为结论。

这些战国至西汉的学者对老子思想的概括及评论十分扼要，而且大致在《老子》文本内容的基础上立说，对我们把握《老子》一书的要义非常关键。下面，分"道论""政治""修身"三部分，依据文本分述《老子》的主旨思想。

（1）道论

老子提出的作为宇宙本源的"道"，在天地创生之前即已存在，空虚无形。《老子》25章说：

有物混成，先天地生。寂寥，独立而不改，遍行而不殆，可以为天地母。

这个"物"，郭店简本作"状"，皆指道而言。道独立、无始无终地周遍行进而不知停止，它是创生天地之母（42章）。这"道"至大，不断去往远处，然后复归，一切语言难以为之命名："吾不知其名，其字曰道，吾强为之名曰大。大曰逝，逝曰远，远曰返。"

读者最为熟悉的《道经》首章中也说：

> 道可道，非恒道也；名可命，非恒名也。无名，万物之始也；有名，万物之母也。

这就是《庄子·知北游》托无始之口所言："道不可闻，闻而非也；道不可见，见而非也；道不可言，言而非也。知形形之不形乎？道不当名。""道"之所以不可言说、不可命名、与万物有别，乃在于万物皆有对待，而道本身则无对待。例如《老子》2章列举美恶、有无、难易、长短、高下等互相对待的事物，严复在《老子评语》中指出："形气之物，无非对待。非对待则不可思议。"14章、21章提到，道的特征是看不见、听不见、摸不到，看不见头、追不到尾，恍惚幽冥，其作用则永无竭尽，最

北京大学藏西汉竹简《老子》下经首章

老子道德眞經

上篇

道可道非常道名可名非常名無名天地之始有
名萬物之母故常無欲以觀其妙常有欲以觀其
徼此兩者同出而異名同謂之玄玄之又玄衆妙
之門

天下皆知美之爲美斯惡巳皆知善之爲善斯不
善巳故有無相生難易相成長短相形高下相傾
音聲相和前後相隨是以聖人處無爲之事行不

老子 上篇

《老子道德真经》

哈佛大学汉和图书馆藏。

终回到"无物"——即道本身的无物象之状态，这就是
"大曰逝，逝曰远，远曰返"的意思。

道又是万物赖以生存发展之根本，但道不居功、不
为主，34 章云："道泛兮，其可左右。万物作而生弗辞，
成功而弗名有。爱利万物而弗为主。故恒无欲矣，可名
于小；万物归焉而弗为主，可名于大。""道"无欲求即
无名状态时，乃万物创生之始，它是微末渺小的；当万
物创生之后，道不为其主，即成为"万物之注"（62 章），
又是广大普泛的。老子用这样一个作为万物之宗、万物
之注的"道"，来盖过旧有的至上神"天""帝"的地位，
4 章云：

> 道冲，而用之又弗盈。渊兮，似万物之宗。……湛
> 兮，似或存。吾不知其谁子，象帝之先。

这当然还不能说完全否定了"帝"的存在，但老子认
为"道"要比主宰万物的上帝更先存在、更加权威，道是
冲虚的，又是盈满渊湛、用之不竭的。

　　老子的道论究竟是唯心的还是唯物的，过去在特定历史与学术背景下有很多争论，看法很不一样。现在大部分学者认为，老子哲学无法用唯心论或是唯物论来界定。老子的"道"不可捉摸感知，其道论之核心实质是《庄子》所说的"空虚不毁万物"，是空虚、虚无。陈柱先生认为，"质而言之，老子之学，实本于无"（《老子之学说》），大致是正确的。然而从全书的表述来看，"道"又并非一种完全的理念性的存在，21 章强调"道之物"，"其中有象"，"其中有物"，"其中有精"，是一混成之"状"（或"物"）。李存山先生在其注译的《老子》中认为，"它是一种原始的、无形的物质的存在"。

　　（2）政治

　　前文我曾提到《老子》主要是站在侯王这类统治者、为政者的立场上撰写的，是《汉书·艺文志》所说的"君人南面之术"，因此对治政、治民等治术的关心，是《老子》的重要主题。与虚无不可捉摸的"道"相应，老子在政治方面的主张即是"无为"，从某种意义上也可以说，老子的道论是服务于其虚静无为的政治主张的。

《老子》5 章云：

天地不仁，以万物为刍狗；圣人不仁，以百姓为刍狗。

"刍狗"，按照《庄子·天运》里的描述，是祭祀行礼时负责巫祝的人所用的一种草木质地的陈设，大概它是起到象征某种祭祀对象的功能，未必是一般所理解的狗，更可能是做成人形（古书中"土狗""环狗"皆指神怪而言，《礼记·檀弓》所记"刍灵"也是"束茅为人马"的"神"一类象征，彼此可互证）。这种器物在祭祀前被丝织品包裹盛放在竹箱里，由巫祝斋戒后恭敬执持，陈设行礼完毕即失去原来的尊贵地位，人们可以踩着它的身躯而过，最后被樵夫拿去当作柴火烧掉。因此，"刍狗"象征一种事物由衰弱到荣盛，盛极而终又复归于毁灭，毁灭之后又再生的往复不止的过程。天地是遵从效法于"道"的，对于万物生灭消长过程，就是效法"道"对万物不加任何干涉，静观其由大而逝、由逝而远、远而复返的自然进程。

圣人，即统治者，他对于百姓的治理，也是这样一种

"无为"、不体现仁恩的态度，即 25 章所谓：

> 人法地，地法天，天法道，道法自然。

道、天、地、王是"域中""四大"，"人法地"的"人"也就是指圣人、侯王，因此圣人治理天下、百姓，也纯任自然、清静无为、守道而行。

这种符合"道"的治术，最明显表现在对人为的制度，尤其是周代创立的礼制及仁义价值的批判。老子认为，仁、义、礼这些价值及制度，都是道、德毁弃之后才有的，其境界比起道、德而言都低。38 章也就是《德经》的头一章说：

> 故失道而后德，失德而后仁，失仁而后义，失义而后礼。夫礼，忠信之浅而乱之首也。前识者，道之华而愚之首也。是以大丈夫居其厚不居其薄，居其实不居其华。故去彼取此。

"居其厚不居其薄，居其实不居其华"的意思与前文所举《天下》篇中所谓"以本为精，以物为粗"的意思接近。"本"指"厚实"之"道"，也就是16章"天物芸芸，各复归其根"的"根"，有名万物体现的则是浅薄与荣华之"粗"，圣人、大丈夫须取本而不用其末。

在老子心目中能体现"道"之"本""根"性质的，唯有踏实勤恳的农耕与人民的温饱强壮。可他看到东周时代的社会状况却是田地荒芜、粮仓虚空，王公贵族们追求的是着华服、佩利剑，美食餍饱，厚聚财富，大造荣馆宫殿，老子把这些人称作"盗竽"（53章）。

根据《韩非子·解老》的解释，"盗竽"的意思是首倡为盗之人。他认为是这些人开启了劫掠、盗窃之祸端。这就是春秋时代的老子所观察到的残酷社会状况：诸侯公卿们竞相逐富僭奢，为了满足贪欲，不惜过度征发、剥削民众（77章所谓"人之道不然，损不足而奉有馀"，即是对此所作的尖锐批判），导致农本荒废。国内日益扩大的需求无疑更须通过对外扩张与掠夺来应对，因此这些统治者大多喜兵、好战，以拓土开疆为目标，不顾人民死活。

老子无疑是滥用武力的坚决反对者:

以道佐人主,不以兵强于天下。其事好还。师之所居,楚棘生之。(30章)

天下有道,却走马以粪。天下无道,戎马产于郊。(46章)

小国寡民,使有什佰人之器而勿用,使民重死而远徙。有舟车,无所乘之;有甲兵,无所陈之。(80章)

《老子》认为不可以武力称霸逞强于天下,动用武力最终会还报自身,战争将使农田、城邑变成山野荆棘丛生之处。因此真正服从于"道"的统治者,会让兵甲车马无所陈用,会让戎马回去从事于农耕,使老百姓慎重对待死生、远于迁徙之苦,最终达成小国寡民的理想境界。31章则是老子关于反战、厌兵的集中表述。在这一章中,老子以丧礼、不祥看待兵戎之事,认为武器是不得已而用之的,刻意雕饰兵器是一种从杀人中体会到快乐的心态,真正欲取天下的侯王、圣人对兵器的态度是只要它锋利敦实就可以了。

好色
欲得
禍莫大於不知足　官貴不能
咎莫大於欲得　剋且貪　欲得人情
故

知足之足
根守真常足矣　无欲

不出戶以知天下　聖人不出户以知天下者以己身知人身以己家知人家所以見天下
不闚牖以見天道
天道與人道同天人相通精氣相貫　若清靜
天氣自正人君多欲天氣煩濁吉凶利害皆由其身
謂去其家觀人家去其身觀
人身所觀益遠所見益少
其出彌遠其知彌少　上无所為則下无所化
是以聖人不行而知　聖人不上天不入淵能知天地以心知之
其出彌遠其知彌少
而名　上好道下好武好力不為而成　當修道自然之道日損
聖人處小知大察內知外

為學日益　學謂政教禮樂之學日益者情欲文飾日以滋　為道日損
為道日損　道謂自然之道日損者情欲文飾日以消
損之又損之　損情欲又損之所以漸去之
以至於无為　當恬惔如嬰兒无所造為
无為而无不為　情欲斷絕德與道合則
不為　无所不施无所不為

取天下常以无事　當修道自然之道無事煩教
以无事　无事不當勞煩

其有事不足以取天下　其好有事則政教煩民
不安故不足以治天下也　百姓不安所以

聖人无常心　聖人重改更動人以百姓心為心
以百姓心為心　百姓心之所便固而從之　善者吾善之

法道无为治身有益精神治
以知无为之有益 蓋於人也

天下希及之 天下希謂人主希能有及道
不言之教 法道不言 法之以身
无为之益 法道无为治身有益精神治
國則有益萬人不勞煩也

名與身孰親 名遂則身退
身與貨孰多 財多則身少
得與亡孰病 好得財利則病
甚爱必大費 甚爱色費精神甚爱財則過患
生則藏於府庫冠多藏於丘墓生有知
是不厚 去欲不厚於身則止
知足不辱 知足之人絶利於身則福祿在己治身
知止不殆 不亂於目耳則終身不殆
可以長久 人能知止足則福祿在己治身者神不勞故可以長久也

不殆

大成若缺 謂道大成之君也缺者成
其用不弊 其用心如是則无弊蓋時大盈若
大盈若沖 謂道德大盈滿之君如沖虚不盈
其用不窮 其用心如是則无窮盡儲道法
大直若屈 大直謂身中正屈者如
大巧若拙 大巧謂多才術也如拙者知巧
大辩若訥 大辩者知无辩若訥者无
躁勝寒 勝躁也春夏陽躁於上萬物威之競躁
靜勝熱 則零蕓死亡言人不當躁動也
清靜以為天下正 能清能靜則為天下長持正則无解滯已時正也

老子对待战争的态度，亦正如《荀子》《吕氏春秋》所言是"有见于诎"和"贵柔"，这与他所倡柔弱之德直接相关。在外交与内政方面，老子主张无论是国家还是统治者，都要谦处卑下、以贱为本：

> 大国者下游也，天下之牝也。天下之交也，牝恒以静胜牡。以其静也，故为下。故大国以下小国，则取小国；小国以下大国，则取于大国。故或下以取，或下而取。故大国不过欲并畜人，小国不过欲入事人。夫皆得其欲，则大者宜为下。（61章）
>
> 侯王毋已贵以高将恐蹶。是故必贵以贱为本，必高以下为基。是以侯王自谓孤、寡、不榖，此其贱之本邪？非也？故致数誉无誉。（39章）

大国小国在国际交往当中皆各有所求，抱持卑下的态度方能各得其所，尤其大国更应主动"为下"。侯王无疑是高贵的，但其高贵是以贱下的百姓为根基的，因此，君主本身要以卑下自处，不可傲慢压迫、高高在上，例如其自称皆用卑贱之名而不求赞誉等。13章的"宠辱若惊"，

元吴叡隶书《老子》

味大怨必有餘怨安可以為善是以聖人執左契而
不責於人有德司契無德司徹天道無親常與善人
小國寡民使有什伯人之器而不用使民重死而不
遠徙雖有舟輿無所乘之雖有甲兵無所陳之使民
復結繩而用之甘其食美其服安其居樂其俗國
相望雞狗之聲相聞民至老死不相往來
信言不美美言不信善者不辯辯者不善知者不博
博者不知聖人不積既以為人己愈有既以與人己
愈多天之道利而不害聖人之道為而不爭

老子

元統三年一作歲正月朔濮陽吳叡為
虛碧道士書于觀復堂

元吴叡隶书《老子》

北京故宫博物院藏。

也是要求侯王珍视"为下"（本书第四章对相关文句有解释，此处不赘）。因此，君民之间的关系，在老子看来有这样几种境界：

> 太上，下知有之；其次，亲誉之；其次，畏之；其下，侮之。……成功遂事，百姓曰我自然。（17章）

最高境界是下民知有统治者其人而已，下一层次是亲近而称誉他，再下是畏惧他，最下则是轻侮他。因为侯王圣人持道而行，清静无为，最后成就功业、百事得遂，老百姓是根本感知不到统治者存在的，而会认为是他们自己成就了这样的状态。这种境界，就是前面提及的"以百姓为刍狗"。

老子提醒统治者"爱民活国，能毋以智乎？"（10章）意思就是：能否不要用巧智聪明来对待百姓与国家呢？这就是无为政治对于统治者的核心要求。老子认为，圣人要削弱百姓心志，使之处于"无知无欲"的状态，就需要做到"不尚贤""不贵难得之货""不见可欲"（3章），同时不让百姓有过多的谋生途径，不使百姓动起让生活充裕富足的念头（75 章）。刘泽华等先生说，这"就是要把引起有为的社会条件，用行政、政治等办法加以消除"，"关键是消除智和欲，即消除对物质生活和精神生活的追求"，《老子》的无为政治是要把人的社会性减少到最低限度，以突出人的生物性"。（刘泽华主编《中国政治思想史·先秦卷》）49 章说道：

圣人恒无心，以百姓之心为心。……圣人之在天下也，惢惢然为天下浑，而百姓皆属其耳目焉，圣人而皆咳之。

统治者自身永远没有刻意的想法与思虑（7 章所谓"无私"），都是以百姓之心为己心，恐惧小心地把天下之心浑同为一，使得百姓都能顺从于自己。然而，"天下人之心都被搞浑沌了，实际上也就无心可言了"。这样一种出于好心好意的无为政治，最终所导致的结果，究竟是好还是不好，就十分耐人深思了。

老子治术中的权谋，集中见于 36 章：

将欲翕之，必固张之；将欲弱之，必固强之；将欲废之，必固举之；将欲夺之，必固予之。是谓微明。柔弱胜强。鱼不可脱于渊，国之利器不可以示人。

前四句常被人们视作老子的"辩证法"。这些策略，极大可能是从中国古代非常古老的政治阴谋里总结的"除暴销恶"（魏源语）之术。《左传》隐公元年记郑伯克段的策略"多行不义，必自毙，子姑待之""不义不昵，厚将崩"，都是这种智慧的具体运用。在古书中常常可以看到类似的表达，却并非引自《老子》："《诗》曰：'将欲毁之，必重累之；将欲踣之，必高举之。'"（《吕氏春秋·行论》）这是古代亡佚的《诗》，并不见于今本《诗经》。在本书第二章我提到，《韩非子·说林上》《战国策·魏策一》引《周书》（可能来自《周书阴符》一类著作而非真指《尚书》）也有"将欲败之，必姑辅之；将欲取之，必姑与之"语，与佚《诗》的内容基本相合，也与《老子》的意思非常接近，着眼于压制、毁灭对方之道（到汉代作品如《说苑》中才有"天将与之，必先苦之；天将毁之，必先累之"这类正反结合的说教，大概这类东西多少是受了儒家的影响），且都是策士纵横家在谈论国际关系时所引，它们应当就是周代史官以韵文形式对历史、外交、政治斗争经验的总结，其与《老子》之间的关联值得注意。

所谓"微明"，《韩非子·喻老》解释道："起事于无形，而要大功于天下，是谓微明。"河上公注《老子》36章说："此四事，其道微，其效明也"，就是在无形微眇之中著成大效，根本上还是"柔弱胜强"的路数。此章最后两句，魏源在《老子本义》中的解释很深刻：

> 然微而明可也，明其微不可也。是故韬此理以自养，深静敛退，优柔自得，如鱼之不脱于渊是也。炫此理以示人，启衅招尤，借寇诲盗，如以邦之利器示人，则非也。《庄子·胠箧》篇实明此意，盖圣人用之则为大道，奸雄窃之则为纵横捭阖之术，其言有甚于兵刃也。故圣人不以利器示之。

统治者的"微明"之术的关键在于"微"，即深藏不露，否则便容易引发意想不到的反作用。老子所说的"利器"，当然还不仅限于此章所言阴谋策略，广义而言，制

順可以行權權行岢能制物故知梁稍者必勝杉

聞彊美魚不可脫於將國之利器不

可以示人脫失也利器權道也此言權道

不可以示非其人故擧喻云魚若失泉則為人

所擒權道示非其人則富竊以為詭譎

道常無為而無不為矦王若能守

萬物將自化妙本清静故常無為物恃以

生而無不為也矦王若能守道無為則萬物目

化君之無為而淳樸矣化而欲作吾將鎮

之以無名之樸言人既從君上之化已無為

清净而復欲動性有為者吾將以無名之樸

而鎮静之無名之樸道也無名之樸亦將

敦煌本唐玄宗御注《道德经》（P.3725）

將欲歙之必固張之將欲弱之必固
強之將欲廢之必固興之將欲奪
之必固與之是謂微明經云正言若反
易去異以行權之反經而合義者也故君子行
權貴於合義小人用之則為詐譎孔子曰可與
立未可與權信矣故老君前章示執大象斯謂
之寶此章後以歙張是謂之權欲量泉生根性
故以權實覆却相明令必效於性之域而或者乃
去非道德之意何其迷而不悟矣故將欲歙斂
泉生情欲則先開張極其侈心令自固於受欲
既盡也

度、律令、刑杀等都应该包括在内，其中很多在古代社会并非为一般人所知。

春秋晚期，孔子批评晋国铸范宣子刑书于鼎之事是"失其度"，理由为"民在鼎矣，何以尊贵，贵何业之守，贵贱无序，何以为国"（《左传》昭公二十九年），显然还是从周礼"尊尊"的传统谈论此问题。然而晋人叔向批评郑人子产铸刑书的理由则是：

> 昔先王议事以制，不为刑辟，惧民之有争心也。……民知有辟，则不忌于上，并有争心，以征于书，而徼幸以成之，弗可为矣。（《左传》昭公六年）

叔向强调，将成文刑律公诸于众将使得百姓心存可求幸免之心，他们将以刑书为据，争心并起，不利于统治。这种看法其实与老子的"国之利器不可以示人"较为接近，叔向与老子的此类思想继承的是中国古代政治思想中有别于儒家立场的另一侧面。众所周知，法家源于三晋，晋人叔向的此类主张未尝不是后来法家思想的滥觞。

（三）修身

在修身方面，《老子》书中最为强调的是自爱、自重己身：

> 身与名孰亲？身与货孰多？得与亡孰病？是故甚爱必大费，多藏必厚亡。故知足不辱，知止不殆，可以长久。（44章）

老子认为与身相比，名誉、财货皆不值一提，因此贪欲、敛藏导致的必然是灾祸及身。知足、知止，才是长久之道。13章是对欲取天下的侯王而言的，老子强调，要"贵大患若身"，将重视死生大患与宝爱自身放在同等地位，只有"贵为身于为天下"的人，才可以被托付天下、统治天下，意谓"贵身"是取天下的先决条件。

万乘之尊的君主要重视身这类表述，在《老子》中不止一见，又如：

> 重为轻根，静为躁君。是以君子终日行，而不远其辎

重。虽有荣馆，燕处超若。奈何万乘之王，而以身轻于天下？轻则失本，躁则失君。（26章）

相比于天下万物而言，"身"才是更值得重视的，不可轻忽，因为身是"本"。因此人君须臾不离的是"辎重"，也就是粮秣一类保障基本生存的东西，对于荣华富贵的享受则是超然的。重视本根厚重、弃绝浅薄浮华，是符合老子的"道"的。

第二，老子认为，从事于道的人应该弃绝学习知识，使得自己保持浑朴无知的如婴儿、愚人的状态。这一主张集中见于20章：

绝学无忧，唯与阿，其相去几何？美与恶，其相去何若？人之所畏，不可以不畏人。荒乎，未央哉！众人熙熙，若享大牢而春登台。我泊兮未兆，若婴儿之未咳。纍兮，似无所归。众人皆有余，而我独遗。我愚人之心也，沌沌乎，犹人昭昭，我独若昏；犹人察察，我独昏昏。忽兮，其如海；恍兮，其无所止。众人皆有以，而我独顽以鄙。我欲独异于人，而唯贵食母。

学习经验知识，将引致对是非、美恶的分辨，此虽是"为学日益"（48章）的过程，但是"日益"之后带来的"熙熙""有馀""昭昭""察察"，却意味着日常无穷尽的烦忧（此即俗语所谓"人生忧患识字始"），只有弃绝学习，才会避免这些忧患，达到"学不学"（64章）、"为道日损"（48章）的无为境界。因此，老子理想中的从事于道的人，与一般人清醒昭察、有目的、欲有所作为的状态是完全不同的，他应该是淡泊无痕、无处可去、若有所失、愚顽鄙陋、昏昏噩噩的一个人。65章"古之为道者，非以明民也，将以愚之也"是从治理百姓的角度谈愚民，但从20章则可以知道，老子认为从个人（包括侯王）主观的角度来说，也应该主动去远离知识的学习、是非的分辨。准确地讲，老子提倡的"愚"是上下一体、无智无识的浑心状态。

从全书来看，老子也并不是彻底否定学习的，他主张所有人都有其存在价值，要善于从他人身上学习：

善人，善人之师也；不善人，善人之资也。不贵其师，不爱其资，虽智必大迷，此谓妙要。（27章）

善者乎，亦善之，不善者乎，亦善之，直善也。（49章）

无论善与不善，都能从中得到"善"，这种"师""资"之法，根本上也是弃绝分辨美恶、和光同尘的意思，而不是强调一般的经验知识的学习。

第三，"有见于诎""贵柔"的老子学说，在修身方面对个人的要求是谦虚、卑下、曲全、不争：

不自见故明，不自视故彰，不自伐故有功，弗矜故长。夫唯无争，故天下莫能与之争。古之所谓曲全者，几语邪？诚全归之也。（22章）

对于坚强、勇武有力，老子是否定的：

故强梁者不得死，吾将以为学父。（42章）

勇于敢则杀，勇于不敢则活。（73章）

故坚强者死之徒也，柔弱者生之徒也。（76章）

老子心目中最近于道的事物是水，因为它既体现了柔弱之德，又有无与伦比的攻坚克强的能力（78章）。水处卑不争，又是最终的胜出者，没有什么能争得过它，这就是"夫唯不争，故无尤"（8章）。从事于道者须效法于水，谦卑低调、甘居下流、与世无争。

第四，老子虽然强调柔弱不争，但是守柔本身亦可以称"强"（52章）：

见小曰明，守柔曰强。（52章）

故知人者智，自知者明。胜人者有力，自胜者强。知足者富，强行者有志，不失其所者久，死而不亡者寿。（33章）

战胜他人者，凭借的是勇力。勇力与知辨一样，并不为老子所取，而"自胜"所凭借的不是一般的强梁勇敢，而是清净、守柔、归根、复命，是对道的体悟、对内心的省察，是对自身名利的贪欲、有为之心的抑制，这比起"胜人"更不简单，需要有坚定意志方能做到，此即所谓"强行者"。

在这一点上，老子与孔子之间思想的异同体现得又很明显。孔子亦言"克己"，但是他的目的是"复礼"。《论语·颜渊》："克己复礼为仁。一日克己复礼，天下归仁焉。"《左传》昭公二十年："仲尼曰：'古也有《志》：克己复礼，仁也。'"王应麟《困学纪闻》已怀疑"克己复礼为仁"是更早书传上的话。孔子大概是引古书来阐述自己对礼仪制度的理想，他认为人约束己身才能恢复先王礼制，最终目的落实在人为的制度设计与群体的价值层面。而老子的理想，则更接近于《周易·象传》中所言的"天行健，君子以自强不息"，强调的是要仿效自然天道，守道而行，与孔子的制度性、伦理性立场是有异的；但是通过克己、胜己的弘毅、强行之志，达成"死而不亡""没世而名称"的结果，他们两人却又是有共通之处的。

2.《老子》要语

《老子》语言优美凝练，为汉语世界贡献了大量俗语和成语，今天讲的"玄之又玄""大器晚成""出生入死""根深蒂固""和光同尘""天网恢恢，疏而不漏""委曲求全""无中生有"，等等，都是直接来自《老子》或者将《老子》文字略变而化出的，其语言艺术的精妙于此可见一斑。而从《老子》道论主旨中化出的"极则必反"（《吕氏春秋·博志》）、"物极则反"（《鹖冠子·环流》）、"物至则反"（《史记·春申君列传》）等，也是历代沿用并为大家所熟知的。

同时，《老子》当中还有一批重要的名词，值得读者细究。老子的哲学体系及对社会、政治的一整套主张，依靠他对当时宗教信仰和社会现实的思考批判所创立的一套语词概念来表述，阅读《老子》不能不对这些语词有所了解。因为篇幅有限，《老子》的概念本身又十分晦涩玄奥，研究者的看法也往往不同（《老子》中有一些语词及比喻，例如"早服""橐籥""谷神""玄牝""母子""营魄""精""甘露""刍狗"等也颇为重要，本书限于篇幅，未能一一作分析，在前文及下文有些地方附带涉及了），现只对以下概念略加阐释，梳理其意涵所指，虽未必能涵盖全部用例与所涉的问题，但希望能为初学者阅读《老子》扫清一些障碍，使其避开一些误区，也作为对"老子要义"的补充与深化。

（1）道

这是老子哲学思想中最核心的概念，关于"道"的论述可参看1、4、8、14、15、16、21、23、25、32、34、35、37、40、41、42、51、62等章。除了"道"，《老子》里还有"大道""天（之）道""人（之）道"等。

"道"是一种比喻，其本义就是一条只通往一个方向的道路，与"康庄""街"等不同（《说文解字》："一达谓之道。"据桂馥《说文解字义证》，此解释来自《尔雅·释宫》，"道"下有"路"字，《太平御览》卷一九五引《说文》也有"路"字）。53章说："使我挈有知，行于大道，唯迤是畏。

大道甚夷，而民好径。"老子期望圣人或有道侯王带着有智辨能力的民众，走上他理想的"大道"，这种大道是平坦的，没有多余的有害的岔路。老子唯恐百姓走上通道过多的斜径，可是百姓并不总能走在这条大道上，而是喜欢那些旁斜小路。这种比喻所要体现的就是老子的"道"的本质：平直、广大、无害。

东周时代，儒、墨显学皆言其"道"，"道"这个词，一开始可能是从早期的公共思想资源中继承的。老子的贡献是从天文、自然及人世间的各种现象中总结出有循环、回归、反复特征的"天道"，从中提炼出"道"，以取代"上帝""天"的主宰权威，成为更加原理性的存在。他的"道"侧重宇宙论和本体论，带有十分明显的普遍规律、法则的意思，与儒家政治伦理意义上的"道"有所区别。但是他的"道"又是天地和人类的政治、社会运行所应取法的典范，故有"天之道""人之道"一类讲法。

"道"字从"首"得声，古书中"首"字有时也可通假为"道"，可知"道"亦关"元""始""一""端"等义，故能用以指称宇宙万物的本源。14章说"迎而不见其（指'道'）首"，就是看不见作为宇宙本源的"道"本身的端绪。

同时，"道"在古汉语中又有"言说""称说"的意思，意味着它是独立于有名万物之外的的命名者，"道"是具有"命名"力量的。

丰富的隐显比喻集于一身，使得《老子》"道"的意涵具有异常复杂的层次。刘笑敢先生在《"反向格义"与中国哲学研究的困境——以老子之道的诠释为例》一文中说："任何一个明确的、分析式的现代哲学概念都无法全面反映或涵盖这样一个浑沦无涯、贯穿于形而上和形而下、笼罩于宇宙与社会人生的古老观念。"裘锡圭先生甚至指出，"道"的神秘性可能与原始的"精"（类似于文化人类学上的"马那"）的观念的残迹有关。

《老子·道经》首章提出了"道可道，非恒道也"的命题，对理解老子心目中的"道"非常重要。在"道""言"问题上，传统如河上公注、王弼注都据此认为老子的"道"是不可言说的；《老子》之后的战国时代道家著作，也普遍认为道是不可言说的。最早的《老子》解释著作《韩非子·解老》，区别了"定理"和"常（恒）道"，认为一切相对待的是"理"，作为在天地创生时已经存在，至天地消亡仍不死不衰的"常（恒）"，是无所改易、无有定理的，所以它是不可道的；但是对于这种"常（恒）"，勉强可以为之取字为"道"，然后便可以言说讨论了。《老子》25章也说先于天地而生的、作为天地之母的"混成"之"物"，"吾不知其名，其字曰道，吾强为之名曰大"，即《解老》立论之基础。

但历史上也有少数学者主张老子的"道"就是可以言说的；马王堆汉墓帛书《老子》出土后，有一部分学者因为帛书本两句之间多一"也"字，而从语法、语义等角度支持这种意见，但他们的根据似乎尚不够充分，旧说尚未能彻底推翻。

（2）德

"德"的观念起源也十分古老。李宗侗先生在《中国古代图腾制度及政权的逐渐集中》一文中认为，"德"是一种图腾原质，类似于文化人类学的"马那"，有随团而异、因人而异的特征，是一种天生的事物。从《老子》中看，这种比较原始的类似于"马那""精"的"德"还有所体现，例如55章"含德之厚者，比于赤子。蜂虿虺蛇弗赫，猛兽攫鸟弗搏，骨弱筋柔而握固，未知牝牡之合而朘怒，精之至也"，是把婴儿各种异于成人的现象归结为"精"积累多的结果。含"德"厚者，与赤子婴儿类似，可见二者的关系。因为"道"本身可能就与"精"的原始观念有关，所以"德"和"道"的本质是相同的。高亨先生指出"道"的本性就是"德"，就是道之用，有"德"即是从"道"中有所"得"（"德""得"古音同）、符合"道"的状态。32章"从事而道者同于道，得者同于德"，是对"道""德"关系最直接的解释。

"德"是道用，从"道"中所得。罗义俊先生在《〈老子〉入门》中指出："道是整全的，而德则是就个别体而言；落于器中的德之显现与表现，要受器的限制。"因此"德"之种类就比较多，《老子》有"上德""下德"（38章）、"广德""建德"（41章）、"玄德"（10章、51章、65

章）、"孔德"（21 章）、"恒德"（28 章）、"不争之德"（68 章）等，与"道"一般只说"大道""恒道"不同，其中的"玄德""恒德"就是指自然无为、返朴归真、合于道之境界的德性。

（3）一

"一"见于 10、14、22、39、42 章。42 章说"道生一,一生二,二生三,三生万物"，可见"一"是"道"创生万物的第一环节，与"道"有极为密切的关系，但又不完全等同于"道"。

从 39 章来看，天地万物（包括侯王）须"得一"才能正常运转、行事，此应即万物所应有的那一部分"道"，因此"一"似更接近于"德"的性质。按照西汉严遵《老子指归》的讲法："一,其（指道）名也;德,其号也。""一"和"德"是在不同场合对"道"的命名。

裘锡圭先生指出，与"道"处于原始阶段的"无名"不同，"一"是化生天下万物的"有名"。25 章"吾不知其名,其字曰道,吾强为之名曰大"，"大"也是给"道"

和此亦不忘於本也

為本耶非　賤為本也言貴以

故致數譽無譽　王侯寶以

賤為名者此有道之君也歌謠頌德不以為譽此則數譽懸

諫從諫不以為數此則數戲也期體道君子外寵辱得失不

驚心忘數譽

懼惕不能色也　不欲琭琭如玉珞珞如石

故賤之者人所惡貴者物可玫俱不安也寡貴而謙退不欲如

玉之秖段在賤而惡尊不欲如石之徼弄得之以一家之以中唯

上興下

魚不安

及者道之動弱者道之用

反者道之動弱者道之用　道以柔弱為用動皆久　俗以剛強在心舉皆夫

天下之物生於有有生於無　有者天地有形故　每有天覆地載物

道

得以生故言生於有無道也道非形相理本清靈故曰無天地

從道生有生於無也故曰靈者天地之根無者萬物之源達者

失道不謙本元聖人垂教明於祖始若能道起生死而出有無

也其

敦煌本《道德经》李荣注（P.2594）

得一以靈谷得一以盈萬物得一以生侯

王得一以為天下正　元氣也未分無二故言一也天地

雖大所稟者元一萬物雖眾
以清登以廣霞寧蓴
以盈滿安榮以金生無為而正定

何以致其然皆
得於一道也　道無與廢物有得失謂失得
之者蓋如前失之者損如後

其致之　天無

以清將恐裂地無以寧將恐發神無以靈

谷無以盈將恐竭萬物無以生將

恐歇谷無以盈將恐歷

侯王無以貴高將恐歷　貞一之道不可失也夫之
成象恐之於破裂成形

咸俄王無以貴高將恐歷

怨之於動裁不則將恐以絕敗靈開將恐以

秸塌生靈將恐以死咸尊貴將恐於蹶塵　故貴以賤為

所取的一种"名"，与"一"性质类似，但取名的侧重点不同。前引《庄子·天下》述道家的部分，"关尹、老聃闻其风而说之，建之以常无有，主之以太一，以濡弱谦下为表，以空虚不毁万物为实"，其中的"太一"，就是与"大""一"一样的"道"的"名"。李学勤、裘锡圭先生皆认为，"太一"的概念是道家后学关尹学派对老子学说的进一步发展。钱宝琮先生《太一考》认为，战国以后带有阴阳家色彩讨论道术的人，将"阴阳"合拢来称为"一"，故又以"太一"概念代替作为"道"之名的"一"，以避免混淆。不过李零先生则主张道家的"太一"与战国至汉代"太一"神信仰有关，"道"之名"大"实即指太一而言。此问题还有待进一步研究。

（4）欲

"欲"见于1、3、19、24、31、34、57等章，其中1、34章是讲"道"的特质中的"欲"，最值得重视。"欲"是欲望、欲求之意，老子认为"道"本身是无欲求、无目的的，从这里可以观察到道的微眇精细的一面；但是"道"又有有欲的一面，因为"道生一"，便有创生天地万

物的动力与欲求，它生养万物不推辞、不主宰专有，这是
"道"大的一面，可以此来观察道之所求（1章"以观其所
儌"之"儌"即"求"义）。因此，"道"本身就是具有两面
性的。但即使"道"有所欲求、化生天地万物，它终究要
"复归于无物"（14章），也就是回归"道"本身。

在老子看来，天地、圣人都取法于"道"，以万物
百姓为刍狗，以"无欲""欲不欲""少私寡欲"的状态，
"不见可欲"，"不尚贤"，使百姓人民"无知无欲""不
争"，合于道行事。同时，裘锡圭先生指出，老子又把
"欲取天下"的侯王、圣人称为"有欲者"。除了道创生天
地万物之"欲"外，这是老子唯一正面肯定的"欲"，后
人因将《老子》的"欲"一概理解为负面含义，遂将"有
欲者"都改成了今本所见的"有道者"。

"欲"从"谷"声，"谷"在简帛本《老子》中也往往
加水旁写成"浴"。6章"谷神不死"的"谷"，清代以来
不少学者都认为与"欲"有关，"谷神不死，是为玄牝"，
即是说作为创生天地万物源头的"欲"，是不会消亡的。

（5）名

据曹峰先生研究，"名"在《老子》中，除掉表示"名誉"的用例，只有41章"道殷（按：殷是大的意思）无名"在《德经》中，其余涉及"名"的部分皆在《道经》部分；《老子》中的"名"主要出现在两种场合，一是表示"道"的无名和不可用语言的方式命名、表述，一是表示形下的天地万物是有名的。

"名"是指称区别万事万物最重要的东西。47章中指出"知天道"的"圣人弗行而知，弗见而命，弗为而成"，"命"就是1章"名可命"中的"命"，这种圣人能为万物命名的说法，显然来自《尚书·吕刑》"禹平水土，主名山川"、《国语·鲁语上》"黄帝能成命百物"一类圣人格物的原始观念。积"德"厚的圣人，能格致万物，也能命名、指称万物，由此推测，"有名"即万物出自于"道"的观念，很可能也是继承发展自比较古老的思想。

《韩非子·解老》说："凡理者，方圆、短长、粗靡、坚脆之分也。故理定而后可得道也。"所谓"理定"，就是给世间万事万物按照其特性加以命名，亦即给有对待的东西加以区分、命名。（古代常说"名理"，如《鹖冠子·泰录》："泰一之道，九皇之传，请成于泰始之末，见不详事于名理之外。"马王堆帛书《经法·名理》也有"循名究理"的讲法。）然而《解老》认为定理不可长久存在不变，"唯夫与天地之剖判也俱生，至天地之消散也不死不衰者谓常。而常者，无攸易，无定理，无定理非在于常所，是以不可道也"，所谓的"常（恒）"就是"道"，道是不可名、无名的，故不可道，因为它没有恒定之理，也就是没有对立，而"道"是强为其所命之"名"，以便称说讨论的。《老子》52章"天下有始，以为天下母"，"有始"指的就是有"无名"的道，"道"不得已被命名（如"一""大"）即成为"有名"，即可为天下之母，化生天地万物。

（6）无、有

"有""无"二者常在《老子》中同时对立出现，如"有无之相生"（2章）、"天下之物生于有，有生于无"（40章）等。

43 章"无有入于无间"句，河上公注："无有谓道也。道无形质，故能出入无间，通神明济群生也。"因此"无有"的意思就是"无形质"，这是"道"的本质，也可以说就是"无"和"无名"；而"有"则是"有名"，即有形质、有对立、可以命名的实有之事物。因此"有""无"与前所提及的"有名""无名"基本同义，是"道"的两面。

"有无之相生"（2章）、"天下之物生于有，有生于无"（40章）二句歧解颇多。徐梵澄先生在《老子臆解》中指出，此二句非关宇宙创化或本体论的意义，"有生于无"的"无"就是"无之以为用"（11章）的"无"，也就是说，这种"有""无"思想是从"实""虚"角度立论的。陈徽先生在《老子新校释译——以新近出土诸简、帛为基础》中认为，"虚无"之用使事物得获其性，是"有"之为"有"的根本，是所谓"有生于无"。

（七）无为

"无为"是老子最重要的政治社会理想，在北大本《老子》中一共出现9次，分别见于2章、37章、38章、

43 章（2 次）、48 章（文字有缺损，可据郭店简本和今传本补出）、57 章、63 章、64 章，帛书和今本各章的情况略有差异，但没有本质区别。

《老子》中单独使用的"为"，如 29 章"为之者败"、64 章的"为者败之""弗敢为"、75 章"以上之有以为也"，以及郭店简本与今 19 章相当的"绝为弃虑"，都是强调人之刻意、有目的的作为，这是被老子所否定的。但当"为（之）"与"无为"（63 章）、"不恃"（2 章、51 章）、"无以为"（38 章）连起来讲时，"为"就变成偏向中性的乃至于积极的方面了。由此可见，《老子》"为"字的语义与古汉语中常见的、意义比较宽泛的"为"并没有本质不同，就是"作为""行为"的意思，关键是如何"为"，老子的主张与一般人是不同的。被老子所肯定的"为"不是单纯的、刻意的人之作为，而是有特殊要求和限定的"为"，它或者是一种无目的的"为"，或者是"为"之而不恃有，或者索性就是"为无为""弗敢为""弗为"（3 章）。刘笑敢先生在《老子之自然与无为概念新诠》一文中指出，"为"的意思近于"作"，"无为"的讲法，符合老子常用否定形式表达的行为与态度，并非对人类一切活动的否定，"无为"就是"一系列与常识、习惯不同或相反的行为和态度，也可以说是一系列反世俗、反惯例的方法性原则"，如"不言""不为始""不恃""弗居""不有""不宰""无欲""不争""不耀""不武""不怒"等，是一个"集合式的'簇'概念"。

《老子》中践行"无为"理想的主体，基本上都是圣人、侯王。37 章"道恒无为"的主体是"道"，但这章也接着说侯王若以道无为的精神加以持守，万物将自行向化，意思是一致的。因此，刘笑敢先生说，"无为"是"对理想社会管理方式的一种表达"，"也是对现实统治者的一种规劝"，是"某种行为已然发生，并产生了很大的影响，但人们却很少意识到它的存在和作用"。

48 章所谓的"无为而无不为"，意思就是统治者"无为"，便能达到"无不为"的结果。也就是说，对所有的事物、百姓都施加了实际的正面的影响、做到了"无不治"（3 章，"为"有"治"义，"无不为"可以理解为"无不治"），却并不让事物、百姓感受和意识到"为"的存在。此即 57 章的

"我无为而民自化，我无事而民自富，我好静而民自正，我欲不欲而民自朴"的境界，又可参看下文"自然"条。

附带一提，"无为而无不为"的"为"也有可能可以念去声，接近于 64 章"辅万物之自然"的"辅"的意思。《尚书·益稷》："予欲宣力四方，女为。"王引之云："为，读如相为之为。为，助也，言助君宣力于四方也。"（《经义述闻》卷三《尚书上》）这样的话，此句意思就是：不刻意作为，却对万物无不起到辅助之功。《淮南子·原道》："所谓'无为'者，不先物为也；所谓'无不为'者，因物之所为也。"理解大致与此接近。

孔子自称"述而不作"，"窃比于我老彭"（《论语·述而》），其意或本谓循述古先王之道而不擅自妄作。这种"不作"的思想当与早期道家的"无为"思想有密切关联，故孔子以此自比于老彭。

（8）自然

"自然"在《老子》中出现五次，分别见于 17、23、25、51 和 64 章。"自然"一词在《老子》之前似无用例，很可能是老子的首创，其义与今所理解的名词"自然界"有别，字面上的本义是"自己如此"（Self-so）。25 章"成功遂事，百姓曰我自然"句（此句郭店简本和北大本、傅奕本皆作"曰"，帛书和多数传本作"谓"），应当是《老子》中"自然"字面本义用法的唯一一例。侯王守道无为，成就事功之后，百姓不归功于侯王，说"我们自己便如此"。

侯王无为，百姓无知无欲而自化，这就是符合"道"的状态，因此"自然"便是"道"的本质。最明显的例子是 25 章"人法地，地法天，天法道，道法自然"，韦政通主编《中国哲学辞典大全》谓"道已最高，没有仿效的对象，而以'自然'作为本质或法则"；64 章"辅万物之自然"，是说圣人辅助万物达到符合于道的自然状态而不加以干涉；51 章也说："万物尊道而贵德……夫莫之爵而恒自然"，意思是万物之所以尊崇贵重道与德，不是因为什么人赐予道、德爵命这类人为的名义，而是因为道德生养万物就是永远符合"自然"状态的。23 章"希言自然"的"希言"就是 17 章"犹乎其贵言"的"贵言"，亦即 2 章圣人"行不言之教"之意（43 章亦有"不言之教"）。

（9）常

"常"这个字，已见于《诗》《书》等早期古文献，它很可能比"道"的概念起源更早。与"道"相比，"常"较少抽象、形上的本体论宇宙论意味，侧重于表示由上天昭示的典法、规则、秩序之义。

《老子》中原本的"恒"字因避汉文帝讳而基本被改为"常"（有些被删去），今本中的这些"常"固不在所论范围中。汉代简帛各本《老子》则对"恒"字皆未避讳，可知原即作"常"的诸例分别是："天物芸芸，各复归其根，曰静，静曰复命。复命，常也；知常，明也。不知常，妄作，凶。知常曰容，容乃公，公乃王，王乃天，天乃道，道乃久，没而不殆。"（16章）"见小曰明，守柔曰强。用其光，复归其明，毋遗身殃，是谓袭常。"（52章）"终日号而不嚘，和之至也。和曰常，知和曰明，益生曰祥，心使气曰强。"（55章）郭店简甲组也有与55章相当的文字，"常"写作从"示""尚"声之字，暗示出"常"与原始宗教信仰有关。

　　《老子》的"常"，裘锡圭先生以为可能"指合乎道的状态"；韦政通主编《中国哲学辞典大全》以为是"常道""天道"。从《老子》的内容看，其所提及的"常"，皆与"明"有密切关联。较早的古书如《尚书·吕刑》云："明明棐常，鳏寡无盖。"伪孔传解释说："皆以明明大道，辅行常法。"此"常"当与《老子》的"常"接近，很可能是由上天所昭示的常法、常道、常序的意思。《周礼·司常》记司常所掌九旗之一"日月为常""王建大常"，郑注云："王画日月，象天明也。"《释名·释兵》："画日月于其端，天子所建，言常明也。"天子所建旗取名为"常"，亦与日月所示之常法、常道有关。《国语·越语下》范蠡曰："天道皇皇，日月以为常，明者以为法，微者则是行。"即此意。52章"袭常"，今本或作"习常"，就是效仿、遵循常法之意。

　　（10）象

　　"象"字在《老子》中用法有区分。一种是用作动词，即"类似"义的"象"，此是"象"的假借义，如："吾不知其谁子，象帝之先。"（4章）"象帝之先"与前文"似万物之宗"结构相同，可知"象"义为"类"，此句意谓不知"道"是谁所生的，但"道"好像是比上帝更早存在的。

另一种用法是名词。"象"是陆地可见最大的哺乳动物，外观引人注目，故"象"有状貌、图象、形象一类意思。世间事物皆有其物象可以状摹（《韩非子·解老》"案其图以想其生也"），但是"道"却没有具体实在的物象，"是谓无状之状，无物之象，是谓惚恍"（14章），"道之物，唯恍唯惚。惚兮恍兮，其中有象兮；恍兮惚兮，其中有物兮"（21章），概括而言就是"天象无形"（41章）。因此"天象"所描述的，就是无外在形象可以捉摸的"道"。

35章所谓"设大象，天下往"，魏启鹏先生在《楚简〈老子〉柬释》一文中指出"设象"本指"陈列形之于文字的政教法令，以为万民所观所诵"，此处"'大象'则升华为无形无声的大道之象"，此句意谓圣人以道从事、设大道之象，就能格致招徕天下，万物宾服。

（11）玄

"玄"是古汉语中蕴意较为丰富的一个词，其基本的含义是黑色。因水色深晦（《管子·水地》："视之黑而白，精也。"），古代以"玄酒"称祭祀时用以代酒的水，"玄"后来即为水的代称；"水""黑"在五方、五行、五色配位中对应于北方，北方神名玄冥，故"玄"可以指称北方；又因有"天玄而地黄"（《易·坤·文言》）的说法，"玄"又是天的代称；"玄"与"悬"音近，古可通用，加之上述意象附着，"玄"字便有高远、深邃、广大、玄奥的意思。

在《老子》中，"玄"是用以描述"道"的特征的一个词，"玄之又玄之，众眇之门"（1章），意思是道深冥不可测，乃微小之万物所出之门。（参看《庄子·天地》："故深之又深，而能物焉；神之又神，而能精焉。"）"玄牝"（6章）以喻"道"是产生万物之母；"玄德"（51章等）则指"有德而不知其主，出乎幽冥"（王弼注），即自然无为、合于道的德性；"玄同"（56章）是与道混同之状态；"玄鉴"（10章）比喻如水色玄黑而能"照物明白"（《淮南子·修务》）的圣人之心。

（12）朴

"朴"在《老子》中见于19、28、32、37、57章。

"朴"是未经断伐加工成器的木材，与"素"（未染色的白色绢帛）都含有本真的意思，"见素抱朴"（19章，郭店简甲组作"视素保朴"），就是"当抱素守真，不尚文饰""抱其质朴，以示下，故可法则"（河上公注），即为符合道的境界，因而"朴"又有"道"的意思。"朴散则为成器，圣人用则为官长"（28章，"成器"之"成"，包括帛书本在内的各本皆脱去），实际就是将道比喻为本源，能化生万物。《周易·系辞上》："形而上者谓之道，形而下者谓之器。"孔颖达疏："道是无体之名，形是有质之称。"圣人用道而行事，则可以为万物之长（参67章"不敢为天下先，故能为成器长"，"成器长"就是万物之长）。"道恒无名，朴虽小，天下弗敢臣"（32章，郭店简甲组作"朴虽细，天地弗敢臣"），则强调道虽细微不可捉摸，但有最为巨大的决定性。

今天我们如何读《老子》

面对复杂版本与说解的取舍

四

　　《老子》的传本及出土本情况极为复杂，很少有一种先秦古书能在这方面与《老子》相提并论；加上本身篇幅不大，字句、分章异同的比重就更加明显。尤其是在《老子》流传过程中，不少关键性的文句遭遇了有意无意的改动。因此，今天想要阅读《老子》、深刻理解老子的思想，再津津称道于王弼本等传世本"词气爽（畅）舒，文理最胜，行世亦最广"（钱锺书先生语），忽视甚至无视出土本子的存在（钱锺书先生曾在私人信件中提及，有法国人问他在《管锥编》中"何以未提及马王堆出土之汉写本《道德经》"，他"答以'未看亦未求看'"），则是不合适的了。例如，陆永品先生在《为老子〈道德经〉正名》一文中，简单贬斥出土的战国至汉代抄本错讹残缺甚多，以为不足为据，只能作校订《老子》的参考云云，这完全是固步自封，自远于陈寅恪先生所言"预流"的学问，对阅读与研究《老子》毫无益处。

本书校定了北京大学藏西汉竹书《老子》附于最后，就是希望给读者提供一个有异于通行王弼本的重要古本，供读者参考对照，通过它来沟通古今，丰富对《老子》文本流变的直观感受。

不过，对《老子》和老子文本及思想的认识，也要采取客观、实事求是的态度。

一般而言，学者都相信，出土的汉以前各抄本的时代要早于大多数传本的时代，距离《老子》著成的时代要近得多，未经汉魏以后人的改动污染，所以较大可能接近于原来的面貌。但是它们毕竟只是在《老子》文本流传历史长河分岔甚多的上游偶然跃出的几朵小浪花，相对于滔滔流派而言是微不足道的，不能等同（甚至无法完全代表）当时《老子》流传的实际整体情况。后代传本中的一些现象没有在这些本子中得以反映，不等于说这些地方必然出于后来人整齐、改动和窜入，相关假设需要充分加以论证研讨才能落实。以目前所见的出土战国本《老子》而言，只见于郭店楚墓的三组，而且内容只有今五千言全本的三分之一上下。《老子》在早期流传中的大致面貌和具体细节究竟如何，皆很难断言，所以我们依据较早的本子作大小判断皆须留出分寸，结合几种出土本子和具有比较可靠早期来源的传本（如傅奕本等）的共同（或多数性）特征，充分利用文本本身的内证与思想逻辑来下结论、作推论，才更有说服力。

在《老子》思想的理解层面，自《韩非子》《庄子》《淮南子》（包括《文子》）以下，到严遵、河上公、王弼等重要注家和学者的工作，虽然互有高下、异同以及关注侧重的区别，但奠定了我们对《老子》思想的整体认识。这些学者、编纂者去古未远，接受的总体知识面貌比今人丰富、鲜活、深刻，看得到的《老子》古本也远比今天多，如果没有他们的诠释，我们今天读《老子》会非常艰难。虽然不能排除后世的思想家们和学术流派对老子思想的"型塑"甚至曲解进入了今传本，但决不可以说，他们告诉我们的是一个面目全非的《老子》。换言之，《老子》传本与诠释的具体内容或有可商，但《老子》思想的大体框架与核心价值（尊道贵德、崇尚自然、无为、清净、柔弱、谦下、不争等），没有发生本质性的变化，至少目前还不可能根据出土的文本给出颠覆性的理解。今天，我们尤应以谦卑的态度面对历代解读《老子》的贡献，客观评价老子及道家思想本身的历代继承性与内在统一性。我们能做的是充分地结合早期的本子提供的有效信息，既拂去《老子》文本被历代笼罩上的尘土与面纱、"涤除玄鉴"，又增加对《老子》抄写、传流授受复杂性的体认，尽可能把《老子》文本的早期面目、深邃内涵揭示出来，尽最大可能逼近早期道家的真实面貌。

1. 为何读《老子》一定要结合出土本

20 世纪 70 年代出土了汉初的《老子》写本（帛书本），引起了《老子》校注研究者的高度重视。吉林大学张松如先生较早完成了用帛书本校释《老子》的著作；1970 年已经梓行《老子注译及评介》初版的陈鼓应先生也很快利用帛书本对全书的注释部分做了大量修订，认为"帛书本虽然不是最好的本子，但在我将它与王弼等古本对校时，有不少处提供了有力的依据以订正通行本"。郭店简本、北大本发表后，很多学者对其文本价值也有相当充分的讨论（参看本书第二章），平心而论，出土的本子虽然间有错舛，但价值确实是相当明显的。

出土本在字句方面的优势是很多的，并且往往能让我们看出文本逐步变异的过程。例如北大本 57 章：

视而弗见，命之曰夷；听而弗闻，命之曰希；搏而弗得，命之曰微。

王弼本作："视之不见，名曰夷；听之不闻，名曰希；搏之不得，名曰微。"除了虚词、代词的不同之外，区别不大，河上公、傅奕本等"搏"作"抟（抟）"，显然是形近之讹混。河上公注："无色曰夷。……无声曰希。……无形曰微。""夷"有"无色"的意思，从不见于其他古汉语语料的证据，河上注有没有道理呢？其实，这几句在

马王堆帛书甲本（乙本略同）中作："视之而弗见，名之曰
微。听之而弗闻，名之曰希。捪（捪）之而弗得，名之曰
夷。"赵锡元先生在帛书本发表以后即撰文《读〈老子〉
札记》，指出：

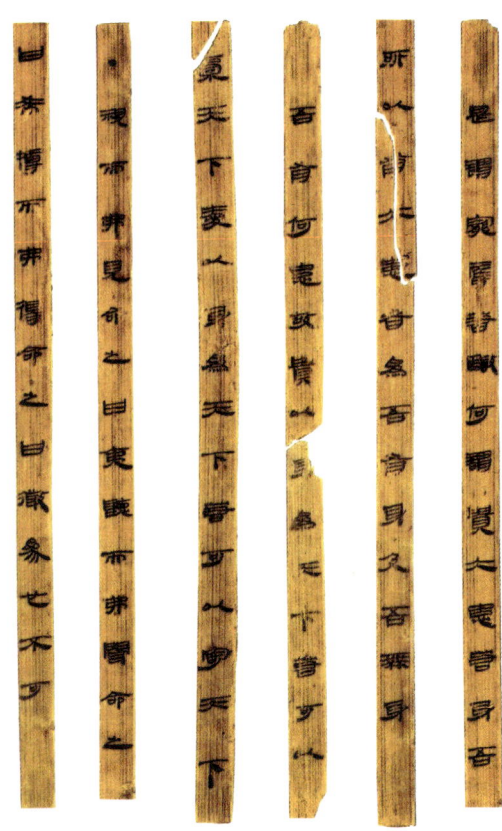

北京大学藏西汉
竹简《老子》下
经 57 章（王 本
14 章）

看它不见不是因为不存在，而是因为"微"，即过于细小。通行本说"视之不见名曰夷"，"夷"训为"平"。"平"也看得见，况且"平"（夷）也不是"视"的标

元赵孟頫书《老子》

北京故宫博物院藏。

准。……"捪",《说文》云:"抚也"、"摹(摸)也"。"夷",古籍多训为"平"。摸它不着是因为平。抚摸的感觉只能得到大小、软硬、厚薄和不同形状等概念,过于"平"的东西从触觉本身是无法分别的。……王弼当年看到的本子由于文字的传抄错误,不得确解……

　　裘锡圭先生在《〈老子〉第一章解释》一文指出,这三句"很清楚那都是讲'道'的:没有声音、没有颜色、没有形象,看不见、听不见,而且摸不着,它没有形体"。因此河上注把"夷"解释为"无色",显然是在错误本子的基础上,没有合理解决办法而强作解人。这种可能至少从西汉中期就已经出现的错误,掩盖了《老子》措辞的精妙准确。今天如果不用两种马王堆帛书本来校正,就太可惜了。据朱谦之先生《老子校释》研究,与帛书本"捪(播)"相当之字,从《易纬乾凿度》《淮南子·原道》《列子·天瑞》所引之语看,可能存在作"循(揗)"的本子,严遵《老子指归》所据本也作"循(揗)","揗"也有抚摸平顺之义,文义自可通,但考虑"揗""捪"字形极近,又是叠韵字,这两类本子之间不排除存在关联。这也是出土的本子把传世各本得以串联起来思考的重要线索。

在北大本《老子》发表后，刘笑敢先生撰有《简帛本〈老子〉的思想与学术价值——以北大汉简为契机的新考察》一文，综论简帛本《老子》价值，其中总结了从战国写本、汉代抄本直至传世本的文本演化特点和规律，归纳起来有如下几点：删减虚词、增加四字句（主要指删减文字）、加虚词凑成四字句、排比句式的强化、重复句子增加。刘先生把这种规律以"语言趋同"加以概括。语言句式的整齐（排偶对仗）、重要词句的人为重复，出于学者、编者、抄手不约而同地对老子思想风格的共同认识"改善文本的愿望"，但事实往往是越有逻辑、越合理的文本，离开《老子》本貌越远。出土的早期本子，正因它的本真、雕饰少，而显得更为可贵。

在《老子》演变的过程中，发生比较大的牵涉《老子》思想及早期儒道关系的文本问题，莫过于19章的"绝仁弃义"和"绝圣"二事。裘锡圭先生在《关于〈老子〉的"绝仁弃义"和"绝圣"》一文中，通过郭店简文字释读、文本韵脚和老子思想的内证，证明老子本身对"仁义"

并不彻底否定，"圣"则更非弃绝的对象，郭店简甲组 1 号
简作"绝智（知）弃鞭（辨），民利百倍。绝巧弃利，盗贼
无有。绝为弃虑，民复季子"是符合《老子》本来面貌的。
但今本"绝仁弃义""绝圣弃智"的文字内容或相关思想，
至少在《庄子·外篇》的多篇中已经有了，从汉代简帛本
看，这类本子在东周晚期至汉初迅速、全面覆盖了郭店简
一类文本。裘先生推测，这是著《胠箧》那一派道家的篡
改在战国晚期的社会政治形势下得到广泛认可的结果；刘
笑敢先生则认为，从 18、38 章都可以看出老子对仁义有某
种程度的限定与批评，19 章的修改可以看成这两章对批评
儒家倾向的"过度强化"，并非"任意歪曲"。刘先生是以
一种文本内部整齐加工与改善、强化的视角来观察《老子》
思想变异的成因，而不是归因于某一家、某一派独立施加
的影响，这似乎更容易让我们明白，这类文本何以能在历
史上轻易地占据主流的内在逻辑。

因此，出土本的《老子》为我们勾勒了《老子》早期
流变的大致线条，与其说它们提供了今天阅读《老子》更
可靠的文本，毋宁说更要紧的意义是让我们得以考虑今传

本《老子》是怎样逐步成立的。就这一点而言，亦不可忽略这些珍贵的出土文献。

从文学史的角度看，文本本身的齐整化、规律化及语言趋同，折射的是一代文学风尚的更革。讨论先秦文学至汉魏文学的变化，从出土本到传世本的演变中可以发现许多有意思的现象，亦可加以留意。例如，今所见帛书本 15 章读为"兮"的"呵"，郭店简本和北大本皆作"乎"，在后代传本中却仍多作"兮"；帛书本和传本中的"呵（兮）""与（欤）"等语气词，北大本特别喜欢用"乎"字代替，很显出特色。北大本也有不少写成"猗"的"兮"，"乎"与"兮"并存究竟是出于汉代人的文学喜好而改动的结果，还是有早期传本的确凿根据呢？这都是很有意思的话题。今天讨论老子时代的文学，不用早期写本而只据王弼本立论，是很难体会这些微妙的文学风格差异的。

为了读者使用的便利，我把从几种出土《老子》本中能反映出与今传本文本文义、思想方面较大差异的或者讨论涉及较多的部分（此仅就侧重而言，思想方面的不同，往往与文本差异有关），不求精确地罗列在下面，希望读者在读《老子》的时候，尤其是涉及这些章的时候，尤其注意参考出土本及相关研究成果。相关章节约占《老子》全书的四成。

文本文义方面：2章、10章、12章、14章、16章、21章、22章、24章、25章、27章、28章、29章、31章、34章、35章、37章、38章、42章、53章、57章、60章、71章、74章、79章、80章；思想方面：1章、3章、8章、13章、18章、19章、75章。

2. 出土的本子是否有局限

传世各本、出土的各种早期写本以及敦煌本《老子》，都是今天研读《老子》的重要参考，尤其是汉以前各种写本的珍贵价值，前已略述。那么出土的《老子》写本是否存在局限呢？回答是肯定的。

第一，出土的本子，一般都或多或少有残损，有些早期的写本是选抄的，所以跟传本的整全性是有差异的。加上早期写本中，文本复原整理和文字、语词的释读也往往存在争议，读者使用起来不免受限于比较高的鉴识门槛。比如 48 章"无为而无不为"句，高明先生《帛书老子校注》根据帛书甲、乙本初次整理复原的情况以及其他内证，认为原应从严遵《老子指归》所据本作"无为而无以为"。因为当时帛书相关文字全部残损，所以虽然刘殿爵先生在《马王堆汉墓帛书老子初探（下）》一文中对此也提出了其他外部证据来质疑，终究无法彻底解决此句帛书原本如何的问题。直到 20 世纪 90 年代郭店简整理发表，与 48 章相应的文字正作"亡（无）为而亡（无）不为"；马王堆帛书 2014 年再整理完成之后，《老子》甲本也复原了"无为而无不为"句"而无不"三字的残片，此问题已经完全可以论定。当然，高明先生之所以要改"无为而无不为"为"无为而无以为"，主要还是对此句的含义没有确切把握，觉得老子不应具有这种思想的缘故（参看本书第三章第二节关于"无为"的解释）。如果没有相应的出土文字文物实证，读者也许就会信从了某些错误的意见而偏离事实。

马王堆帛书《老子》（乙本）

第二，出土本子本身可能有人为的加工、选择，甚至是发挥，厘析文本层次较为困难，异文的价值衡量比较不易。这可以举同见于一章的两个例子来说明。

25 章"有物混成，先天地生。寂寥，独立而不改，遍行而不殆，可以为天地母"，今传各本"遍行而不殆"作"周行而不殆"，但郭店简本、帛书本皆无此句。这一现象引起了很多学者的注意。起初学者大多相信高明先生《帛书老子校注》的意见，以此句为后来窜入，但郑良树、裘锡圭、李若晖、邬可晶等多位学者则都倾向于先秦古本《老子》已有此句或者老子应有此思想。上述多位学者已注意到郭店简《太一生水》"周而或〔始，以己为〕万物母"与讲"道""周行而不殆"之间的关系，这是很正确的。那么北大本这句"遍行而不殆"，究竟是《老子》所原有的、郭店简本和帛书本是某些道家学派将它刊削的结果？抑或是后来阐发老子思想的道家后学所增益的，还是缘于老子不同弟子记录整理的版本系统之间的差异？这现在都还很难下断言。因此郭店简本、帛书本没有此句，并不证明早期的《老子》传本就不存在这句话和这类思想，我们只能说，《老子》的某些早期流传系统中还没有明确强调道遍行不止的特征。

同在 25 章的"四大"，帛书本和今本都是"道""天""地""王"的顺序，郭店简本和北大本则是"天""地""道""王"的顺序。裘锡圭先生在《郭店〈老子〉简初探》一文中认为，在"郭店简的时代，《老子》已有不少异文。郭简完全有可能误用与原本不符的异文。……郭简作'天大，地大，道大，王亦大'，与下文'人法地，地法天，天法道'之序不合，显然不会是《老子》原貌"。西方校勘学的通例告诉我们，在文本传抄发生的错讹中，抄手总是把不容易理解的文字改为比较简单易解的文字，前面提及的刘笑敢先生"改善文本的愿望"的意思大致与此接近。因为本章最后有"人法地"等三句，所以容易把不大好理解的"道"处于第三的位置换成逻辑性比较强的"道"在最先的顺序。北大本与郭简相合，说明这类看似不合逻辑的本子在古代其实仍然影响不小。然而，这两类本子之间的早晚关系，以及互相之间意涵与价值的高下，终究无法彻底断定。

我不愿意像很多学者那样假设存在一个《老子》原

本"，因为这种"原本"往往只是我们期待它"应该是"
的那个"原本"，除此之外意义有限；从阅读理解《老子》
的实际来讲，尽量将主观性降低一些、把问题考虑得复杂
一些会比较好。我们所能看到的只是《老子》在各个时代
所呈现出来的实际样貌的微小样本，样本的量还极有限，
目前根据这些材料不足以像有些学者那样，画出理想中的
版本演变示意图，推测原本、祖本的面貌如何（李存山先
生注译《老子》的导言部分对此类说法有介绍，有兴趣的读者
可参看）。如前所述，古写本《老子》的价值，在于它们的
本真、质朴，而唯其如此，文本中呈现的各类现象的偶然
性也大，历经具有学术史意义的沉淀、选择、加工的成分
也许就相对少一些，其价值既不能置之不理或低估，也同
样不能一味以为愈古愈善。这既是所有出土文本本身的价
值所在，也是其局限所在。

3. 对于疑难章句的纷纭众说当如何去取

通观《老子》全书，至今还有不少章节内容，从文本本

身的字面含义层面都尚未得到确解或者公认的看法,《老子》读解的难度在先秦古书中是非常突出的。本书篇幅有限,不可能一一尽述,只选择 13 章有关"宠辱若惊"的部分,略谈一谈在疑难问题面前如何对众说加以判断选择。这一章关于"贵大患若身"部分的理解,前文有述,此处不赘。

化出了后来常用的"宠辱不惊"这一成语的 13 章,历来号称难解。《朱子语类》卷一百二十五记沈庄仲问"宠辱若惊,贵大患若身"两句,朱熹回答说:"从前理会此章不得。"但此章在今天却又有格外好的阅读与研究条件——前述出土各本竟然皆存。

这一章颇显特别的地方在于用了两个"何谓"云云发问,引出对章首这两句话的解释,这在《老子》当中为仅见之例。早有学者(如奚侗、张舜徽先生等)怀疑开首这两句可能是引用古语、上世遗言,但其实也可能就是老子的话,"何谓"云云是老子后学的阐说发挥。

"宠辱若惊"几句的难解,主要体现在两方面:一是异文众多,"何谓宠辱"或作"何谓宠辱若惊","宠为下"或

《老子》通识

敦煌本白文《道德经》（S.792）

作"宠之为下""辱为下"（甚至被校改为"宠为上，辱为下"）等；二是语义艰涩难懂，"宠辱若惊"四字中，除了"辱"字各家理解没有太大差别之外，"宠""若""惊"都被做过了文章，可谓言人人殊（各本异文及说解可参看陈徽《老子新校释译——以新近出土诸简、帛为基础》的综述）。近年，裘锡圭先生根据郭店简本的文字，振聋发聩地主张"惊"是

"荣"的误读、因文本误读而引发了本章文字的变异，引起了学界的广泛关注。三十字上下的解读，竟牵涉文献学、训诂学、文字学和思想等多方面的争议，一般读者确实容易目迷五色、无所适从。

我认为，对文本的把握应当首先站在思想的高度。过去解释此章的主流意见，认为是从为人臣者得君宠、失君宠的角度谈宠辱的辩证关系，以宠为卑下，得宠与失宠皆不免惊惧。但这样的理解纵不谈字句方面的问题，首先就不符合《老子》全书意旨。前文已谈到，《老子》主要是从侯王、圣人的角度谈南面之术的，当然也关心百姓的命运问题，但立场、视角是自上而下的，全书并不措意于《韩非子》那类君主控御臣下、人臣事奉国君的具体态度与应对策略（30章"以道佐人主，不以兵强于天下"，也只是谈反战思想，与此无关）。而且从13章下文看，"贵大患若身"也是谈君主取天下、治天下的准备条件，这里绝不会先谈人臣如何看待、处置宠辱的问题。因此，以往这种解释路数对理解老子13章思想而言是南辕北辙的。

不过也有少数学者的读解理路，是值得重视的，例如

张舜徽先生说此章"宠辱若惊":

> 人主以居下为道，故不避垢辱而反爱之，且受之若惊，此即所谓"宠辱若惊"也。(《周秦道论发微》)

其说已大致接近正确意思，只是在细节上还有一些问题（详下）。裘锡圭先生读"宠辱若荣"的新说，认为"宠辱若荣"就是"像常人宠荣那样宠辱"，此说恐最与老子思想不合者在于：此段针对的是侯王，不是常人，对于主张侯王居下、处贱、受垢、受不祥的老子而言，"荣"不会是他所肯定的、认为值得"宠"的对象。身外的荣名，与"贵大患若身"的"身"相比，没有任何积极的意义。"宠辱若荣"这话本身的预设前提，恐有悖于《老子》"知其荣，守其辱"（王弼本28章，汉代简帛本作"知其白，守其黥"）、"虽有荣馆，燕处超若"（26章，今本或作"荣观"，按："馆"与"观"的关系，可参段玉裁《说文解字注》"馆"字注，荣观后来引申有荣誉的意思）对待荣誉、荣华的态度。"荣"既无足"宠"，"辱"之值得"宠"的内在逻辑也就不能成立了。

其次，解释文本应当兼顾语法、语义，把文句平实地讲通，客观对待、充分吸收历史上各种合理的说法，认真分析文本的内在思想脉络。

从刘师培、张舜徽等学者以下，都已指出"宠辱若惊""贵大患若身"两句的语法结构应该是一样的，因此推出"宠辱"与"贵大患"一样都是动宾结构的结论，这是从文本内部寻找语言规律作解的重要贡献。但是，语法规则不必机械套用。虽然前后两个"若"字都是"像""如"的意思，却不能因为"贵大患若身"的实际意思是"贵大患若贵身"而推出"宠辱若惊"的结构也应是"宠辱若宠惊"，"宠辱若惊"的含义完全可以是重视辱这件事情好像"惊"一样。过去觉得这句话不好懂，症结恐在于对"惊"这个词的词义和用法没有透彻体会。

"惊"字的一般意思为惊惧、惊慌，但在许多场合，也有惊异、惊喜、惊叹的意思，词义色彩是比较丰富的。善、财等值得宝爱之物，"得之"往往会"惊"。《国语·楚语下》记蓝尹亹对执政子西谈吴王阖庐过去的德政（按：这条材料，马叙伦《老子校诂》辗转引录的大田敦之说已揭出，但其理解似不正确，故少有人注意）：

> 夫阖庐口不贪嘉味，耳不乐逸声，目不淫于色，身不怀于安，朝夕勤志，恤民之羸，闻一善若惊，得一士若赏，有过必悛，有不善必惧，是故得民以济其志。

《史记·刺客列传》：

> 酒酣，严仲子奉黄金百溢，前为聂政母寿。聂政惊怪其厚，固谢严仲子。

这两个"惊"都是偏于惊喜、惊异一类积极色彩的。"闻一善若惊，得一士若赏"两句结构同样是对仗的，"得一士若赏"的意思是"得一士若得赏"，却不能因此认为"闻一善若惊"须理解为"闻一善若闻惊"。几种《国语》的译注著作都把这个"惊"理解为"惊喜"，无疑是正确的。句中的"若"字类似"乃""而""焉"（现代汉语可以翻译为"就要""将要"），而无须机械地理解为"像"。郭店简本写作"是谓宠辱惊"，似亦说明"若"字的语义近于

"而""乃""则"一类意思，略而不用不妨碍句意理解。

《国语》蓝尹亹的话，到汉代已逐步凝固为成语，如"见善若惊，疾恶如仇"（《后汉书·祢衡传》），这两句的意思与"闻善而行之如争，闻恶而改之如仇"（《新书·大政上》）非常接近，可见"若惊"就是"赶紧去做"的积极态度。"闻善若惊""见善若惊"的语义和语法结构都能与"宠辱若惊"直接对照，就是要抱着惊喜的、唯恐不及的积极心态去珍视卑辱处下这件事情。"得之若惊，失之若惊"的意思，据前人正确的分析，就是"得辱若惊，失辱若惊"，不过这两句话过去的具体理解也不够彻底到位。"得辱若惊"的意思容易解释，张舜徽先生指出这与本章的"宠为下"（即"爱居下"的意思）意思相合；"失辱若惊"，过去张舜徽先生理解成"既云爱居下矣……失之若惊，谓惊恐也"，辛战军《老子译注》全采其说，其实没有理解到要害根本处。"失辱"之所以要"惊"，是因为要失去卑下之势、以万乘之尊治国治天下了，老子认为这同样是好事，也应该以"惊"的心态对待之，就是要以甘为天下舍弃自身名誉与生命的、充满惊喜的积极态度来面对与接受"托天下"的大任。这两个"惊"都是指惊喜、"行之若争",不应区别对待之。

有读者可能会觉得奇怪,老子不是反复强调圣人、侯王"为下"么?怎么"失之(为下)"时也要以"惊"的积极心态对待呢?

其实老子是不否认圣人、侯王居于民上的客观事实的,郭店简本66章说"圣人之在民前也,以身后之;其在民上也,以言下之"。裘锡圭先生已经指出,这种把圣人"在民前""在民上"当作客观事实、未用"欲"字的本子,"优于王(弼)本"。只是一旦位居人上时,侯王也要以谦卑居下的态度对待百姓而已,这也是"宠辱"。面对失辱、取天下,如若惊惧惶恐、患得患失,老子的态度在13章下文已说明:"爱以身为天下,若可以去天下矣"(从郭店简本),舍不得付出自身来为天下,大可以选择归隐。只有这样解释,本章"宠辱若惊,贵大患若身"的所有表述与主旨内涵才能统一协调。"贵为身",就是位处卑下时,对自身大患特别重视,"以身观身"(54章),此为"退";"以身为天下"就是"失之若惊",此则为"进"。老子对统治者为政的态度，在这一章中表露无遗，而且把话说得太漂亮了。

我们现在回看郭店简中相当于"惊"的那个字，这个字从"眀""萦"声。《说文》把"眀"字解释为"左右视也"，两个瞪大了的、左右环顾的眼睛，表现的就是人惊惧不安之状。桂馥《说文解字义证》指出《说文》"懼（惧）"字古文作"愳"，"心惧则左右顾也"；段玉裁《说文解字注》则指出古书表示惊视不安的"瞿""瞿瞿"皆假借为"眀"，"为惊懅之状"。因此，郭店简本这个从"眀""萦"声的字，从形声结构规律分析，毫无问题最有可能就是"惊"字异体，白于蓝先生在 2006 年就已指出了这一点，其说可信。先秦至北大本为代表的西汉《老子》写本的 13 章文字虽然略有出入，但文义和思想并没有本质的、颠覆性的变异。

4. 注意文本中细节差异的合理解释

《老子》的版本复杂，异文极多。许多成功的解读分析，除了对老子思想有高屋建瓴的把握之外，很重要的是注意到文本中的细节，不让一些重要的异文滑过，错失正确理解的机会。裘锡圭先生《考古发现的秦汉文字资料对于校读古籍的重要性》一文对 75 章头一句的新解，就是注意到今本"以其上食税之多"与帛书本中作"以其取食赠之多"的微细差异（后出的北大本亦作"取"），发现《老子》被有意无意误改误读的现象，这是前已提及的例子。本节拟再举 8 章的一个问题来说明落实各种《老子》文本细节的重要性。

8 章"上善若水"一节，是颇为脍炙人口的。但这一节有相当重要的异文，可以说长期没有得到圆满解释。下面把有代表性的各本文字不作标点列在下方（为便于比较，把各本相当的文字纵向对应，如无相当之字即空出一格）：

傅奕本：上善若水水善利万物而不争处众人之所恶故几于道矣（王弼本无"矣"字，其余同）

想尔本：上善若水水善利万物又不争处众人之所恶故几于道（敦煌本多与此同）

帛甲本：上善治水＝善利万物而有静居众　之所恶故
几于道矣

帛乙本：上善如水＝善利万物而有争居众人之所恶故
几于道矣

北大本：上善如水＝善利万物而有争　众人之所恶故
几于道矣

最明显而重要的一个细节差异是，包括敦煌本在内的传
世各本皆作"不争"，出土的汉代三种本子皆作"有争 /
静"。《长沙马王堆汉墓简帛集成·老子甲本》出有一注
（原括注的"引者按"已删去）：

原释文在"静"字后括注"争"，因其读法尚不能
肯定已删除。原注（郭按：指《马王堆汉墓帛书【壹】》的
注）：乙本亦作"而有争"，通行本作"而不争"，义正相
反。按下文云："夫唯不争故无尤"，疑通行本是。（14
〔一五〕）北大本注则据甲本读"有争"为"有静"，并
谓传本作"不争"，"为后人误解而改"（《北大》：147 第
五十一章〔一〕）。

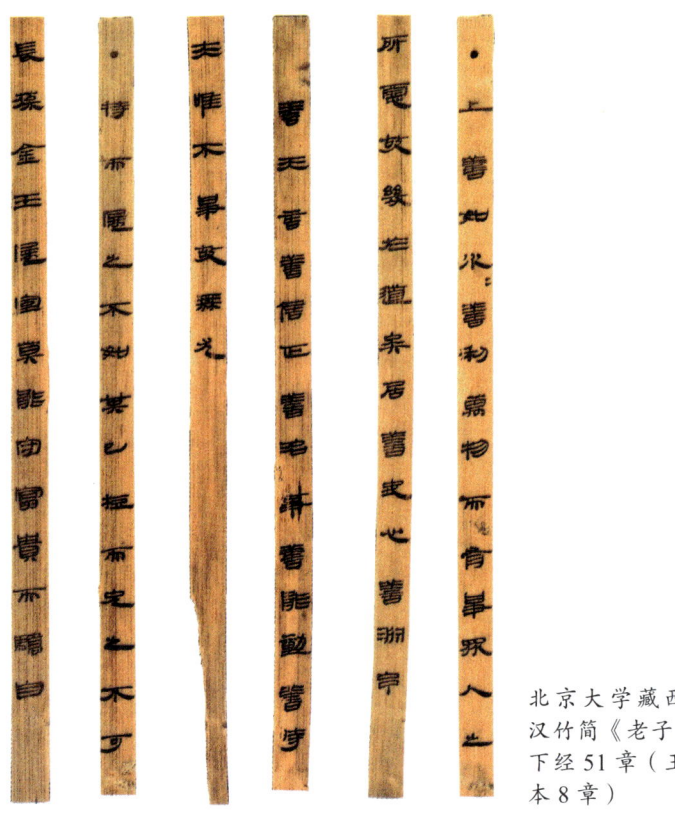

北京大学藏西
汉竹简《老子》
下经 51 章（王
本 8 章）

　　可见帛书《老子》甲本再整理时，已经比较倾向于北
大本整理者的意见，不把"静"读为"争"了；但是"水
善利万物而有静"则略嫌不辞，所以这条注对到底怎么解
释仍有一定保留，态度很谨慎。

也有学者持有完全相反的意见，崔晓姣《"水善利万物而有争"——从北大汉简〈老子〉看〈老子〉第八章及〈老子〉文本的发展与演变》一文，认为此句应读"水善利万物而有争"，"有争"相当于 22 章的"故天下莫能与之争"，她主张"在可见层面上而言，水是'不争'的；而就最终目的而言，水的'不争'恰恰使得'天下莫能与之争'，亦即成就了水的'有争'。'不争'与'有争'乃是一体之两面，'不争'成就了'有争'，'有争'是'不争'的终极目标"，并认为因为此句字面意义上与老子思想抵牾，所以文本在流传过程中被改成"水善利万物而不争"。

然而此说颇显出论证上的无力之感。"水"是老子心目中"上善"的标准，是最接近于道的，水怎么可能自设一个"最终目的"为"有争"，并且煞有心机地通过"不争"的方式去达到这个目的呢？显然这是不得已而强作解人。但值得重视的是，崔晓姣不取高明先生读帛书乙本"争"为"静"（即以甲本"静"为正字）的意见，指出：

马王堆帛书《老子》（甲本）

　　考诸北大《老子》全书，我们发现，除第十六章外，书中用到"静"字时皆用本字，不曾使用假借字。而考察第十六章的具体内容（引者按：指与"守静笃"相当的"积正督"句），事实上，其中所用之字也并非"静"字的假借字。

　　这段话注意到了北大本内部的用字细节，是很好的意见。我们查检帛书甲本会发现，用作"静"的字有"静""靓""情""清"，用作"争"的字有"争""诤""静"，也就是说，帛书甲本当中的"静"必须用一个从"青"声的字表示，"争"必须用一个从"争"声的字表示，"静"恰是其用字交集。然而帛书乙本用作"静"的字只有一个"静"，用作"争"的字也只有一个"争"。而北大本"争"字除8章之例外共9见，全部用作"争"。帛甲本的抄写时代一致公认早于乙本，它们又都早于北大本。由此可见，从汉初到武帝时代，"静""争"的用字开始逐步固定，它们共用"静"字的现象逐步被消灭了。汉代抄本中的这个趋势告诉我们，帛书本和北大本的"静""争"都只能读为"争"，而不能反过来读为"静"。

但是，"水善利万物而有争"却根本讲不通，解决这个矛盾的突破口也在北大本当中。很容易注意到，北大本相对各本而言有一个特别的地方，在"争"下缺了一个"居/处"字，整理者"疑汉简本脱漏'居'字"，这一解释无疑是十分自然的。不过同时应该引起警惕的是，此句脱漏了"居"字之后，"众人之所恶，故几于道矣"意思就大相径庭了，变成了：水是众人所恶，故近于道。抄写者何以如此大意呢？会不会抄漏另有文本的内在原因呢？

其实，我们只要调整一下句读，这些问题就可迎刃而解了。我认为"居"字之上原来几乎所有人都施加的断句应当取消，此句应该读为〔参考刘殿爵《马王堆帛书老子初探（上）》，《明报月刊》1982 年 9 月号〕：

上善如水，水善利万物而有（又）争〔居〕众人之所恶，故几于道矣。

帛书本"有"读为"又"的看法，徐梵澄先生《老子臆解》已经提出过了，只不过他主张断读为"水善利万物而又静"，惜未达一间。水之"上善""几于道"，是因为它善于（或者好好地、大大地）沾溉万物的同时，又争着居处于众人所厌恶的地方。古书常见"争处卑"的讲法（见《晏子春秋·内篇杂上》《淮南子·泰族》《文子·下德》等），就是争先恐后地谦退处于卑下之位，用法与此句接近。因水势就下，所以它总好像迫不及待地前往最污浊的地方去居处，这就是老子心目中符合于道的品质。前一节中我们解释过的"宠辱若惊""得之若惊"，其实就是这里的"争居众人之所恶"，"争"与"惊"语义相承。"善利""争居"恰好也是语义结构相对的，"争居"两个动词连用，很容易造成后一动词"居"的抄脱，因为"争众人之所恶"大体意思仍可通（就好比把前半句抄成"水善万物"也不是本质性错误）。

为佐证上述读法，我们找到了一条内证和一条外证。内证是"而有"读为"而又"的例子，就见于简帛本 77 章中：

帛甲本：孰能有馀而有（又）以取奉于天者乎？

北大本：孰能有馀而有（又）取奉于天者？

帛甲本整理者没有把"有"字读为"又"，此从北大本整理者意见读。由此可见，使用"而有（又）"作为递进连词，符合《老子》的语言文字习惯，这也再次证明《老子》是一部内部语言规律相当统一的著作，绝非汇抄、杂凑、层累的结果。想尔本（包括许多敦煌本）8 章的"又不争"的"又"，很可能就是"而有（又）"的"又"在文本改写中的残留。

外证则来自河上公注。河上公在"处众人之所恶"句下注：

众人恶卑湿垢浊，水独静流居之也。

很可能河上公注所见的《老子》，源自一种与帛书甲本类似的文本，作"水善利万物而有（又）静居众人之所恶"，汉代的一些《老子》传习者不明"静"字应读"争"，遂将它按照字面意思理解成河上公注这一类意思，而没有按照后来的用字习惯改成"争"。如果说《老子》河上公注的时代还能看到这一类本子的话，那么其年代悬隔应该也不会太远，这对讨论河上公注的著作年代是一条很值得留意的线索。

与河上公注相比不是那么明显，但也足供参考的是严遵《老子指归》的相关佚文：

> ……人者，体柔守弱，去高处下，受辱如地，含垢如海，言顺人心，身在人后。人之所恶，常独处之，恬若无心，荡若无己，变动无常，与道流止。去己任因，莫过于水，帝王体之，用之为治。其德微妙，有何忧矣？

全未述及"不争"之德，反而"独处""人之所恶"，"恬若无心""变动无常，与道流止"，似对应的也是"静居众人之所恶"。

回过头去，结合所有异文分析今本8章的这一关键错误，推想其大致产生过程是：（1）而有争居……——（2）读破：而又争居……——（3）误断误衍：而又不争——（4）删字：又不争/而不争（承郆可晶先生提示，也可能有的本子本作"而争居……"，"而"字直接错成了"不"）。其中（3）这一步乃是欲把文句讲通的最致命的人为错误，河上公注产生的时代，这种错误应该还远没有覆盖所有的《老子》写本，但至晚魏晋以后，错讹的本子就一统天下了。

有无之间

《老子》对古代政治文化的双重影响

　　老聃创立道家，最有名的道家后学是庄周，故世人合称"老庄"。司马迁在《史记·老子韩非列传》中说庄子"散道德，放论，要亦归之自然"，"其学无所不窥，然其要本归于老子之言。……作《渔父》《盗跖》《胠箧》，以诋訾孔子之徒，以明老子之术。……然善属书离辞，指事类情，用剽剥儒、墨，虽当世宿学不能自解免也"。比起老子批判儒家仁、义、礼等价值的立场，庄周这"放论"一派的"剽剥"要激烈、极端得多。对待从政的问题，庄子的态度与老子也很不一样，这只需看一下《老子韩非列传》所记庄周拒绝楚威王厚币迎聘的理由就容易体会了。庄子追求的是"适己""快志"，在位者"不能器之"，这与尚存惕惕救世弊之心的老子，是很不一样的。然而根本上讲，庄子的主张仍然从老子的自然无为的核心化来，是

庄子画像

选自元代华祖立绘《玄门十子图》，上海博物馆藏。

在战国时代的社会与政治背景下，从"放"的角度"明老子之术"（特别是"自然"之术）的。

1. 从老子到"黄老"

中国哲学史家李存山先生在其所注译的《老子·导言》中，对《老子》在战国秦汉以后的影响有一段评论文字，可以代表大多数学者对《老子》思想的价值的看法，不妨引录于下：

战国末期的荀子曾经批评"老子有见于诎（屈），无见于信（伸）"（《荀子·天论》）。确实，老子十分强调了反面的"屈"的作用，而忽视了正面的"伸"的作用。但也正是因此，道家思想与儒家思想在中国古代形成了"一阴一阳"、"刚柔相济"的互补结构。老子哲学确立了"自然之天"的思想，这种思想与儒家的重视现世道德的思想相结合，使中国文化避免了像西方的中世纪那样走入宗教之一途；道家的"自然"观念对于儒家的"泛道德论"思想倾向，以及世俗生活中道德的异化、虚伪，具有一定程度的限制、消解作用；道家所提倡的"清净"、"无为"，曾经被一些统治者用于采取"与民休息"的政策，从而缓解了社会的矛盾，促进了经济的恢复和发展；儒家更重视群体的伦理，道家更重视个体的"自然"，这也使得一部分士人在"庙堂"之外、"山林"之中得到了退隐生活的精神慰藉；而从道家发展出的道教，则以"养生"、"成仙"与儒家的"治国"、"成圣"以及佛教的"明死"、"涅槃"形成了"三教"的互补；道家崇尚"自然"、"无为"、"柔弱"、"不争"，这些价值观念与儒家的崇尚道德伦理相结合，使中华民族形成了重视自然与社会的和谐、个体与群体的和谐、物质生活与精神生活的和谐，以及崇尚和平、柔韧持久、自强不息的民族性格。

这段话是从《老子》思想普遍认知的角度，谈《老子》在后世政治文化中的限制、消解、慰藉、和谐功用，应当说是比较全面的。以"自然"来限制消解儒家"泛道德论"的思想路径典型就是庄子学派为代表的道家。但是庄子的"放"，在面对现实问题方面并没有可操作性，不可能所有

战国中期齐威王因齐所作敦铭（《殷周金文集成》4649）显示，田齐统治者以黄帝为高祖。

人（尤其是君主、侯王）都走这个路子，因此，真正在实操层面达成对儒家限制与和谐的，其实是黄老之学。

"黄老"是黄帝与老子的并称，大约战国以后，东方国家的学者逐渐推尊更古老、更有地位的黄帝（黄帝为田齐古史传说所出之高祖）为道家始祖，并附会了黄帝的著作（如

《黄帝四经》），它们与《老子》一起成为道家代表性思想文献。齐国稷下先生中"慎到，赵人；田骈、接子，齐人；环渊，楚人，皆学黄老道德之术"（《史记·孟子荀卿列传》），也都有各自的著作。及至汉初，此派学问的影响极巨，窦太后等一众贵族、官僚都是黄老之术的忠实爱好者。汉文帝时下葬的马王堆三号汉墓出土了不少相关作品。儒术独尊之后，许多汉代学者也仍然喜好此学。《后汉书·逸民列传》记汝南吴苍对"黄老之言"的描述——"乘虚入冥，藏身远遁，亦有理国养人，施于为政"，非常精准地概括了黄老学说的核心。它是一种包罗甚广、兼有出世精神与入世关怀的学问，总体上还是讲无为之治与虚静因应之法的。在汉初，这种学说虽屡受儒生批评，但实际上是西汉休养生息政治的真正理论基础。从地上地下各种文献资料和老子思想内部逻辑判断，黄老之学实仍本于老子之学。

2. 老子何以与韩非同传

在《史记·老子韩非列传》中，司马迁说申不害"之学本于黄老而主刑名"，韩非"喜刑名法术之学，而其归本于黄老"，也就是说，法家学说亦源出"黄老"。在该《传》最后，太史公又总结道：

> 申子卑卑，施之于名实。韩子引绳墨，切事情，明是非，其极惨礉少恩。皆原于道德之意，而老子深远矣。

申不害勤勉措意于循名责实，立足于辨析刑名问题，似尚较少涉及赏罚；韩非则是"审合刑名"以"禁奸"（《韩非子·二柄》），因此要切合情事援引法律制度，明确是非曲直，做到极致便是律法严酷，鞫问惨烈，绝无人情。司马迁认为，这些也都是从老子"道德之意"中化出的。

所以，现在要回答的一个问题，就是《老子》在政治方面为何会具有比较突出的双面性影响，司马迁将老子与申不害、韩非等法家人物放在一起立传，究竟为何？《老子》的"道德"学说，如何化出了放诞的庄子一派，又孕育了"惨礉少恩"的法家思想？这一点为后来很多人所不解。《南史·王敬则传》记"（敬则）与王俭俱即本号开府仪同三司。时徐孝嗣于崇礼门候俭，因嘲之曰：'今日可谓连璧。'俭曰：'不意老子遂与韩非同传。'"是王俭自认与王敬则流品不侔，二人同为一官与老子、韩非同传一样不可接受。可见很早就有人觉得，老子的清静无为与韩非的"惨礉少恩"，无论如何不当同列。苏轼《韩非论》从儒家的立场批评老、庄鄙弃仁义礼乐、置天下于无有，而"无有"又不足以治天下，商鞅、韩非之流吸取老、庄轻天下和齐万物之术，"敢为残忍而无疑"，老、庄与申、韩之间是"不相谋而相感"，是无意之相通，法家学说是对道家理论的衍生与异化。王夫之《庄子解》则认为，启发法家学说建立的，主要是老聃的"险恻之机"，而与自立一宗的庄子则关系不大。

老子思想复杂的双面性特点究竟是老子思想内在所蕴含的，还是无心而被后来人引伸出来的，我们可以从《老子》36 章"鱼不可脱于渊"两句在战国时代的阐发，窥其一斑。《庄子·胠箧》：

夫川竭而谷虚，丘夷而渊实。圣人已死，则大盗不起，天下平而无故矣。圣人不死，大盗不止。虽重圣人而治天下，则是重利盗跖也。为之斗斛以量之，则并与斗斛而窃之；为之权衡以称之，则并与权衡而窃之；为之符玺以信之，则并与符玺而窃之；为之仁义以矫之，则并与仁义而窃之。何以知其然邪？彼窃钩者诛，窃国者为诸侯，诸侯之门，而仁义存焉，则是非窃仁义圣知邪？故逐于大盗，揭诸侯，窃仁义并斗斛、权衡、符玺之利者，虽有轩冕之赏弗能劝，斧钺之威弗能禁。此重利盗跖而使不可禁者，是乃圣人之过也。故曰："鱼不可脱于渊，国之利器不可以示人。"彼圣人者，天下之利器也，非所以明天下也。故绝圣弃知，大盗乃止；擿玉毁珠，小盗不起；焚符破玺，而民朴鄙；掊斗折衡，而民不争；殚残天下之圣法，而民始可与论议。

圣人标榜的价值标准仁、义、圣、知，以及圣人设计的制度文明如度量衡、符信印玺等，就是"国之利器"，圣人本身也可以说是"利器"的化身了。然而大盗们却想方设法僭窃这些"利器"以达到窃国之目的，一旦怀有"利器"，他们也就成了"圣人"。因此，庄子认为，以制度文明、世俗价值为代表的"利器""圣法"，不但不应提倡，而且应予毁弃，甚至连"圣人"本身也不应存在，这些事物只会助长盗窃，使天下昏乱。容易看到，庄子以彻底拆解儒家价值观、礼仪制度，鄙薄圣人的立场解释《老子》"鱼不可脱于渊，国之利器不可以示人"的理论根基，其实正契合老子的清净、素朴、无为、不争，所论仍是建立在 57 章"民多利器，而国家滋昏，人多知而奇物滋起，法物滋彰而盗贼多有"基础之上的引申发挥，只是庄周把话说得特别激烈骇目，不似老子论道出言那么平淡与温和。当然，庄子剽剥的"圣人"，是以孔子、墨子为标靶的，与《老子》中的"圣人"并不是一回事。

《韩非子》中有三四处谈及这两句话，可见法家对这一章的特殊重视：

势重者，人君之渊也。君人者，势重于人臣之间，失则不可复得也。简公失之于田成，晋公失之于六卿，而邦亡身死。故曰："鱼不可脱于深渊。"赏罚者，邦之利器也，在君则制臣，在臣则胜君。君见赏，臣则损之以为德；君见罚，臣则益之以为威。人君见赏而人臣用其势，人君见罚而人臣乘其威。故曰："邦之利器不可以示人。"（《喻老》;《内储说下》略同而稍简，不复引）

齐王问于文子曰："治国何如？"对曰："夫赏罚之为道，利器也。君固握之，不可以示人。若如臣者，犹兽鹿也，唯荐草而就。"（《内储说上》）

隰斯弥见田成子，田成子与登台四望，三面皆畅，南望，隰子家之树蔽之。田成子亦不言。隰子归，使人伐之，斧离数创，隰子止之，其相室曰："何变之数也？"隰子曰："古者有谚曰：'知渊中之鱼者不祥。'夫田子将有大事，而我示之知微，我必危矣。不伐树，未有罪也；知人之所不言，其罪大矣。"乃不伐也。（《说林上》）

综合《韩非子》的这几条内容看，法家对"鱼不可脱于渊"的意思有一体两面的解读视角。一是从君主角度说，国家的赏罚、刑德二柄，人君要牢牢握在手中，这时臣下将如驯服的野兽一般亲附君主，这是君人者威势之重的关键。犹如鱼不可须臾离开水一样，利器不可示人，若利器在臣，人君则将被臣下反制，最终失国亡身。从另一

角度，是臣下不可窥知人君阴私，即所谓"知渊中之鱼者
不祥"。隰斯弥本来想把自家树木砍去，为田成子征伐大
事打通四方道路做准备，这本来是人臣拍马屁、建功业的
好机会，但是他最终放弃了，这是因为田成子看到大树蔽
路，却并未对隰斯弥言语。隰斯弥认为不砍树本来无罪，
可一旦暴露自己看透了国君内心想法，则将招致大罪。所
谓"知微"，也就是窥测人君之"微明"，这是一件非常危
险的事情。《韩非子》这两种视角中的"鱼"与"利器"，
实际上都是国君专制之物的象征，无论是内心意图、计
划，还是刑德二柄，都需要君主自己牢牢把握，不可泄露
示人，人臣也不得窥测、窃取。这讲的其实就是驾驭臣下
之道，是真正的"君人南面之术"。

把《庄子》与《韩非子》对"鱼不可脱于渊"两句的
理解进行比较，很容易发现他们立场的异同。韩非子是彻
底为君主统御专制考虑问题的，而庄子则是从如何守道治
民的角度立论的。尽管他们对"鱼"与"利器"的看法非
常接近，庄子也完全知道"利器"落在大盗之手的后果，
但是对于如何处置此二者，他们的意见就完全背道而驰了：

一个主张彻底放弃与破坏，一个要求全面利用与控制。其最关键的核心，在于对"无"与"有"的价值认知之别。

3. 离用为体的庄列与离体为用的申韩

清人魏源的《老子本义》开首有《论老子》一篇，论老子与后世学派分衍最为有见：

> 取予翕辟，何与无为清净？刍狗万物，何与慈救慈卫？玄牝久视，何与后身外身？泥其一而诬其全，则五千言如耳目口鼻之不能相通。……老子曰："有之以为利，无之以为用。"非不知有无之不可离，然以有之为利，天下知之，而无之为用，天下不知。故恒托指于无名，藏用于不见，损之又损，以至于无为，无为之道，必自无欲始也。诸子不能无欲，而第慕其无为，于是阴静坚忍，适以深其机而济其欲。庄周无欲矣，而不知其用之柔也；列子致柔矣，而不知无之不离乎有也。故庄、列离用以为体，而体非其体；申、韩、鬼谷、范蠡离体以为用，而用非其

用，则盍返其本矣！……

以退为进，以胜为不美，以无用为用，孰谓无为不足治天下乎！老子言绝仁弃义，而不忍不敢，意未尝不行其间。庄周乃以倘徉玩世，薄势利遂诃帝王，厌礼法则盗圣人，至于魏晋之士，其无欲又不及周，且不知无为治天下者果如何也，意糠粃一切，拱手不事事而治乎？卒之王纲解纽，而万事瓦裂，刑名者流，因欲督责行之，万物一付诸法而已，得清净而治，于是不禁己欲而禁人之欲，不勇于不敢而勇于敢，不忍于不忍而忍于忍，煦煦孑孑之仁义退，而凉薄之道德进。岂尽老子道乎？岂尽非老子道乎？黄老静观万物之变，而得其阖辟之枢。……后人以急功利之心，求无欲之体不可得，而徒得其相反之机以乘其心之过不及，欲不偏不弊得乎？……《庄子·天下》篇自命"天人"，而处真人、至人之上；《韩非·解老》而又斥恬澹之学、恍惚之言为无用之教，岂斤斤守老氏学者哉！

魏源继承了王弼的主张，区分并推阐了老子思想中的"体""用"之别。其"体"亦即根本宗旨，是无、无名、无欲，真正能于"体"的方面加以实践的，除了具体而微的关尹之外，魏源认为是庄子的放论、列子的贵虚，而诸子则大多尚有、有名、有欲。同时，老子思想也有"用"的那一面，那就是"有之以为利"，老子的"不忍""不敢"，是静观、因应万物之变的"无为"之道。故无论是庄、列，还是申、韩诸家，实只得老子体、用之一端，皆有其偏执之弊。尤其是那些内不能"无欲"、外崇尚"无为"的人，深刻其机谋来达成人主之欲。

到战国时期，主刑名法术者，完全抛弃了《老子》的恬淡之教。为了人主清净无为，将万事付诸"法"来决断，以凉薄无情的道作为统治之本，手握国之利器，视天下万物为刍狗。老子三宝中的"慈"与"不敢为天下先"，在《韩非子》里即有其别解：

故欲成方圆而随其规矩，则万事之功形矣。而万物莫不有规矩。议言之士，计会规矩也。圣人尽随于万物之规矩，故曰："不敢为天下先。"不敢为天下先，则事无不事，功无不功，而议必盖世，欲无处大官，其可得乎？处大官之谓为成事长，是以故曰："不敢为天下先，故能为成事长。"

　　慈于子者不敢绝衣食，慈于身者不敢离法度，慈于方圆者不敢舍规矩。故临兵而慈于士吏则战胜敌，慈于器械则城坚固。故曰："慈，于战则胜，以守则固。"夫能自全也而尽随于万物之理者，必且有天生。天生也者，生心也。故天下之道尽之生也，若以慈卫之也。事必万全，而举无不当，则谓之宝矣。故曰："吾有三宝，持而宝之。"（《解老》）

　　韩非子所理解的"不敢为天下先"和"慈"，从根本上说都是指遵从于万物之"理"或者"规矩"，服从于冷冰冰的"道"。他的意思是如果把思想统一到万物之理上来，就有天然生成之"心"，举事将无失当；哪怕是圣人也只有服从于这个规矩、这个客观的理，才能得处大官、议论盖世。因此，法家是把《老子》所主张临事治民的"慈哀"之心、不争处下的"不敢为天下先"，解释成了无情的客观法度、自然准则，甚至说白了就是掌握"国之利器"——刑德二柄。

　　《韩非子·饰邪》说：

夫舍常法而从私意，则臣下饰于智能；臣下饰于智能，则法禁不立矣。是妄意之道行，治国之道废也。治国之道，去害法者，则不惑于智能、不矫于名誉矣。……故镜执清而无事，美恶从而比焉；衡执正而无事，轻重从而载焉。夫摇镜则不得为明，摇衡则不得为正，法之谓也。故先王以道为常，以法为本，本治者名尊，本乱者名绝。

中间的镜、衡一段比喻是从黄老道家如《慎子》中来的，可见其理论基础确实与黄老之术有密切关联。韩非主张君主以法为常、为本，私意、妄意、智能皆不可恃，如此才能令行禁止，人君方能够"无事"而"名尊"。类似的主张，在《韩非子》里触处可见。

以《韩非子》为代表的法术思想，正如魏源所说："岂尽老子道乎？岂尽非老子道乎？"到底是对老子之"道"的自然推衍，还是深刻曲解，有时确实很难给出一个明白、确切的判断。例如，老子主张圣人要削弱百姓的心志，使之处于"无知无欲"的状态，将天下之心浑同为一以利于统治，这样的思想，实际上很容易与法家的愚民、去绝智巧的理路直接对接到一起。尽管可以说，老子本意非以愚民政策来满足侯王私欲，而是希望全天下都处于浑朴自然之状态，可是落实到实际政治当中，不达成法家的这种后果，却反而是不太可能的。

我们在简帛本《老子》中已经看到，主张清静无为、无欲的老子实际上并不否定一种"欲"，那就是本书第三章提及的圣人、侯王"欲取天下"之"欲"，老子把这些

老子

选自元华祖立绘《玄门十子图》，上海博物馆藏。

人称为"有欲者",并对"有欲者"指出了一些需要禁忌之事物。可见老子根本上是不否认侯王可以"有欲"的,只是这种"欲"要限制在"取天下"本身而已。魏晋以后把老子思想往王弼和魏源所说的"体"上推阐到极致,"有欲者"对于一般读《老子》的人不好理解了,这才被改为"有道者",却无意间造成对老子积极入世一面的抹杀。前文我曾引及陈柱先生关于老子学说的一种评价:"老子盖未尝去有,特以当时之人,皆从事于'有之为利',而忘夫'无之为用',故为矫枉过正之谈耳。"(《老子之学说》)这也是对《老子》重"有"的一面的重视,反对一味将老子思想推向极端。其实,《老子》第一章明确说道:"恒有欲,以观其所徼。"道本身就有"有欲"的一面,关键是要去观察道之所求为何,人要加以效法。不明白《老子》有与无之间、有欲与无欲之间的平衡互补的奥妙,魏源所讲的"五千言如耳目口鼻之不能相通",也就是无法避免的了。

【说明】

一、北京大学藏西汉竹书《老子》，抄写时代最可能在武帝朝，有分章的符号及抄写格式，是目前出土汉及汉以前《老子》版本中内容最完整、与传世诸本章次及文字等最接近的一个本子，微观上能感知其在《老子》演变过程中的承上启下价值，故录其文于全书之后，供本书读者阅读使用；

二、释文以北京大学出土文献研究所编《北京大学藏西汉竹书［贰］》（上海古籍出版社 2012 年）为基础，吸收学者既有意见并参以己意校订整理，参考郭店简本和马王堆帛书本《老子》酌补缺脱文字用【 】号注出，破读和通用等用（ ）号注出，讹字用〈 〉号注出；

三、北京大学藏西汉竹书《老子》与早期《老子》文本一样，分成上、下两篇，相当于《德经》的部分在前，相当于《道经》的部分在后，两篇的第二支和第一支简背分别写有《老子上经》《老子下经》篇题；

四、每章之后附列章内韵字，以明《老子》文学音韵之美，同字前后重复作韵脚者不注；

五、字词释读及韵脚等个别需要补充说明的地方，加简注交代。

老 子 上 经

第一章（王本三十八章）

上德不德，是以有德；下德不失德，是以无德。上德无为而无以为，下德【为】之而无以为①。上仁为之而无以为，上义为之而有以为，上礼为之而莫之应，则攘臂而乃（扔）之。故失道而后德，失德而后仁，失仁而后义，失义而后礼。夫礼，忠信之浅而乱之首也。前识者，道之华而愚之首也。是以大丈夫居其厚不居其薄，居其实不居其华，故去被（彼）取此。

（应、扔，蒸部；薄、华，鱼部）

注

① "下德为之而无以为"句，傅奕本同，其他通行本多作"下德为之而有以为"，马王堆帛书《老子》甲、乙本皆无该句，一般认为此句本不当有（《韩非子·解老》不释此句）。

第二章（王本三十九章）

昔之得一者，天得一以精（清），地得一以宁，神得一以灵，谷得一以盈，侯王得一以为正。其致之也，天毋已精（清）将恐列（裂），地毋已宁将恐发，神毋已灵将恐歇，谷毋已盈将恐渴（竭），侯王毋已贵以高将恐厥（蹶）。是故必贵以贱为本，必高以下为基。是以侯王自谓孤、寡、不穀，此其贱之本邪？非也？故致数舆（誉）无舆（誉）。不欲禄禄（琭琭）如玉，【珞珞如石】。

（清、宁、灵、盈、正，耕部；裂、发、歇、竭、蹶，月部；邪、誉，鱼部；琭、玉，屋部；珞、石，铎部）

第三章（王本四十章）

反者道之动也，弱者道之用也。天下之物生于有，有生于无。

（动、用，东部）

第四章（王本四十一章）

上士闻道，堇（勤）能行。中士闻道，若存若亡。下士闻道，大笑之。弗笑，不足以为道。是以"建言"有之曰：明道如沬（昧），进道如退，夷道如类（纇）；上德如谷，大白如辱（黩），广德如不足，建德如榆（偷），桎（质）真如输（渝），大方无隅；大器勉（免）成，大音希声，天象无刑（形），道殷无名。夫唯道，善贷（贷）且成。

（勤、存，文部；行、亡，阳部；昧、退、纇，物部；谷、黩、足、偷、渝、隅，屋侯对转；成、声、形、名，耕部）

第五章（王本四十二章）

道生一，一生二，二生三，三生万物。万物负阴抱阳，中气以为和。人之所恶，唯孤、寡、不毂，而王公以自命也。是故物或损而益，或益而损。人之所教，亦我（誐）而教人。[①]故强梁（梁）者不得死，吾将以为学父。

注

[①] 此句马王堆帛书《老子》甲本作"夕（亦）议而教人"，严遵本作"亦我教之"。疑"议""我"皆应读"誐"，《说文·言部》："誐，嘉善也。从言，我声。《诗》曰：'誐以溢我。'""人之所教，亦我（誐）而教人"的意思就是人们所用来教导我的，我也善之而用以教人。下句"故强梁者不得死"就是用以学习的反面教材，其意与27章"不善人，善人之资也"、49章"不善者虔（乎），亦善之，直善也"颇近似。"誐"字他书罕用，当是老子熟悉《诗经》等早期文献的内证（此点可参看王博《老子思想的史官特色》，第64页）。

第六章（王本四十三章）

天下之至柔，驰骋于天下之至坚。无有入于无间。吾是以智（知）无为之有益也。不言之教，无为之益，天下希及之矣。

第七章（王本四十四章）

身与名孰亲？身与货孰多？得与亡孰病？是故甚爱必大费，多臧（藏）必厚亡。故智（知）足不辱，智（知）止不殆，可以长久。

（名、亲，耕真合韵；货、多，歌部；亡、病，阳部；爱、费，物部；藏、亡，阳部；足、辱，屋部；止、殆、久，之部）

第八章（王本四十五章）

大成如缺，其用不弊。大盈如冲（冲），其用不穷。大直如诎，大巧如拙，大盛如绌。趮（躁）胜寒，静胜热。清静为天下政（正）。

（成、盈，耕部；缺、弊，月部；冲、穷，冬部；诎、拙、绌，物部；寒、热，元月对转；静、正，耕部）

第九章（王本四十六章）

天下有道，却走马以粪。天下无道，戎马产于鄗（郊）。故罪莫大于可欲，祸莫大于不智（知）足，咎莫潜（憯）于欲得。故智（知）足之足，恒足矣。

（欲、足，屋部）

第十章（王本四十七章）

不出于户，以智（知）天下；不规（窥）于牖，以智（知）天道。其出弥远，其智（知）弥少。是以圣人弗行而智（知），弗见而命，弗为而成。

（户、下，鱼部；牖、道，幽部；命、成，耕部）

第十一章（王本四十八章）

为学者日益，为道者日损。损之有（又）损之，至于无【为，无为而无不为。取天下者恒以】无事，及其有事，有（又）不足以取天下。

第十二章（王本四十九章）

圣人恒无心，以百生（姓）之心为心。善者虗（乎），亦善之①，不善者虗（乎），亦善之，直善也。信者虗（乎），信之，不信者虗（乎），亦信之，直信也。圣人之在天下也，医医（恋恋）然②为天下浑，而③百姓皆属其耳目焉，圣人而皆阂④之。

注

① 马王堆帛书《老子》甲、乙本皆无"乎"字，传本多误读为"吾"；"善者虗（乎），亦善之"句的"亦"当涉下句衍，帛书本和传本无。

② 《说文·心部》："恋，思貌。"王筠《说文句读》："《众经音义》引作'恐息也'。案，盖谓恐惧而喘息也。"其说当是。"恋恋然"应为恐惧忧思之貌，与河上公本"怵怵"、严遵本"憟憟乎"义同。帛书甲、乙本分别作"惀惀焉""欿欿焉"，或主张读为《玉篇》《集韵》训"心热（貌）"的"惀"（裘锡圭《老子今研》，第165页），其实训"心热"的"惀"是医书中常见的讲心热症"翕翕"之"翕"的加旁分化字（如《金匮要略·五脏风寒积聚病脉证并治第十一》"心中风者，翕翕发热，不能起，心中饥，食即呕吐"），与《老子》之字取义无涉，帛书

"愉愉焉""歆歆焉"亦皆应读为"恧恧焉"。
③ "而"上"心"字原被刮削，傅奕本作"浑浑"。
④ "晐"是赅备容纳的意思。

第十三章（王本五十章）

　　出生入死。生之徒十有三，死之徒十有三，而民姓（性）①生焉，动皆之死地之十有三。夫何故也？以其姓（性）生也。盖闻善聂（摄）生者，陵行不避兕虎，入军不被兵革；虎无所错其蚤，兕无所椯（注）②其角，兵无所容其刃。夫何故也？以其无死地焉。

注

① "姓"可能是古文字写本"眚"的误读，似当读"性"，犹言"欲"也。
② "椯"读"注"，参北大本第二十五章，此"注"即"注错"之"注"，安置的意思（参见王念孙《读书杂志·荀子第一》）。

第十四章（王本五十一章）

　　道生之，德畜之，物刑（形）之，热（势）成之。

是以万物尊道而贵德。道之尊，德之贵，夫莫之爵而恒自然。故道生之畜之，长之逐（育）之，亭之孰之，养之复（覆）之。故生而弗有，为而弗恃，长而弗宰，是谓玄德。

（生、形、成，耕部；畜、育、孰、覆，觉部；之、有、恃、宰、德，之职对转）

第十五章（王本五十二章）

天下有始，可以为天下母。既得其母，以智（知）其子；既智（知）其子，复守其母，殁身不殆。塞其脱（兑），闭其门，终身不僅（勤）。启其脱（兑），齐（济）其事，终身不来。见小曰明，守柔曰强。用其光，复归其明，毋遗身央（殃），是谓袭常。

（始、母、子、殆，之部；门、勤，文部；事、来，之部；明、强、光、殃、常，阳部）

第十六章（王本五十三章）

使我介（挈）有智（知），行于大道，唯蛇（迤）是畏。大道甚夷，而民好街①。朝甚除，田甚芜，仓甚虚。服文采，带利剑，厌食，资货有馀，是谓盗竽，非道也。

（除、芜、虚、馀、竽，鱼部；采、食，之职对转）

注

① 《太平御览》卷一九五引应劭《风俗通》："京师有长寿街、万岁街、士马街，若此非一。街者，携也，离也，四出之路，携离而别也。""街"就是通口较多的携离别道，因为方向选择多，人民易于迷失方向（此语当与王本 75 章合观）。

第十七章（王本五十四章）

善建不拔，善抱不脱，子孙以其祭祀不绝。修之身，其德乃真；修之家，其德有馀；修之乡，其德乃长；修之国①，其德乃逢（丰）；修之天下，其德乃薄（溥）。以身观身，以家观家，以乡观乡，以国观国，以天下观天下。吾何以知天下然哉？以此。

（拔、脱、绝，月部；身、真，真部；家、馀，鱼部；乡、
长，阳部；国（邦）、丰，东部；下、溥、家，鱼部）

① "国"字，北大本所源出的古本作"邦"，与"逢（丰）"同韵。

第十八章（王本五十五章）

含德之厚者，比于赤子。蜂虿虺蛇弗赫①，猛兽攫
（攫）鸟弗搏，骨弱筋柔而抠（握）固，未智（知）牝牡
之合而狻（朘）怒，精之至也。终日号而不幽（嚘），和
之至也。和曰常，智（知）和曰明，益生曰详（祥），心
使气曰强。物壮则老，谓之不道，不道蚤（早）已。

（赫、搏、固、怒，铎鱼对转；常、明、祥、强，阳部；
老、道，幽部）

① "赫"字，马王堆帛书《老子》乙本同，即《大雅·桑柔》"如
彼飞虫，时亦弋获。既之阴女，反予来赫"的"赫"，音义与
"螫"同。

第十九章（王本五十六章）

智（知）者弗言，言者弗智（知）。塞其脱（兑），闭其门，和其光，同其畛（尘），挫其兑（锐），解其纷，是谓玄同。故不可得而亲，亦不可得而疏；不可得而利，亦不可得而害；不可得而贵，亦不可得而贱。故为天下贵。

（兑、锐，月部；门、尘、纷，文部；害、贱，月元对转）

第二十章（王本五十七章）

以正之国，以倚（奇）用兵，以无事取天下。吾何以智（知）其然也？夫天多忌讳，而民弥贫①，民多利器，而固〈国〉家兹（滋）昏，人多智（知）而苟物兹（滋）起，瀘（法）物兹（滋）章（彰）而盗贼多有。故圣人之言云：我无为而民自化，我无事而民自富，我好静而民自正，我欲不欲而民自朴。

（讳、器，微物对转；贫、昏，文部；起、有，之部；为、化，歌部；事、富，之部；静、正，耕部；欲、朴，屋部）

① 此句盖谓，因欲厚民之生而对天时多有忌讳（《孙子·计》："天者，阴阳、寒暑、时制也。"），老百姓却愈加贫困。

第二十一章（王本五十八章）

其正（政）昏昏，其民菁菁（蠢蠢）；其正（政）计计（察察），其国夬夬（缺缺）。福，祸之所倚；祸，福之所伏。夫孰智（知）其极？其无正，正复为倚（奇），善复为笑（祋）①。人之废，其日固久矣。

（昏、蠢，文部；察、缺，月部；祸、倚，歌部；福、伏、极，职部）

① "笑"字写作从"艸""犬"，是战国秦汉标准的"笑"字写法。王弼本、严遵本作"妖"，河上公本作"訞"，傅奕本作"祋"，"祋"字见于《说文·示部》，云"地反物为祋也，从示，芺声"，但大徐本"祋"所从"夭"形与见于《艸部》的"芺"字所从写法有异，与《夭部》"芺"字所从则一致，疑"祋"字本即从"笑"声（大徐本《说文》新附字"笑"字形有误，《说文》本当有"笑"字，但传抄过程中被以为与"芺"同形而误

删），故北大本"笑"字可通"祩"。疑子弹库楚帛书丙篇"取女为邦笑"的"笑"也应据此读为"祩（妖）"。

第二十二章（王本五十九章）

方而不割，廉而不刿，直而不肆，光而不燿（耀）。治人事天，莫如啬。夫唯啬，是以蚤（早）服。蚤（早）服是谓重积德，重积德则无不克，无不克则莫智（知）其极，莫智（知）其极则可以有国，有国之母可以长久。是谓深根固抵（柢）、长生久视之道也。

（割、刿、肆，月质合韵；啬、服、德、克、极、国、久，职之对转；柢、视，脂部）

第二十三章（王本六十章）

治大国若亨（烹）小鲜。以道位（莅）天下，其鬼不神。非其鬼不神，其神不伤人。①非其神不伤人也，圣人亦弗伤。夫两不相伤，故德交归焉。

（神、人，真部）

注

① 这几句话颇为神秘费解，也许要联系先秦道家的"夜行"说理解。《鹖冠子·夜行》："随而不见其后，迎而不见其首。成功遂事，莫知其状。图弗能载，名弗能举。强为之说曰：芴乎芒乎，中有象乎，芒乎芴乎，中有物乎，宥乎冥乎，中有精乎。致信究情，复反无貌，鬼见，不能为人业。故圣人贵夜行。""鬼见，不能为人业"很可能就是本章"其鬼不神。非其鬼不神，其神不伤人"的意思（业，危也，见《商颂·长发》毛传）。

第二十四章（王本六十一章）

大国者下游也，天下之牝也。天下之交也，牝恒以静胜牡。以其静也，故为下。故大国以下小国，则取小国；小国以下大国，则取于大国。故或下以取，或下【而取。故大国不过欲并畜人，小国不过欲入事人。夫皆得其欲，则大者宜】为下。

（游、牡，幽部）

第二十五章（王本六十二章）

道者，万物之梋（注）也。善人之葆（宝），不善人之所葆（保）也。美言可以市，尊行可以贺（加）人。人之不善，何弃之有？故立天子，置三公，唯（虽）有共之璧以先四（驷）马，不如坐而进此。古之所以贵此者，何也？不曰求以得，有罪以免虖（乎）？故为天下贵。

（宝、保，幽部）

第二十六章（王本六十三章）

为无为，事无事，味无味。小大，多少，报怨以德。图难虖（乎）其易也，为大虖（乎）其细也。天下之难事作于易，天下之大事作于细。是以圣人终不为大，故能成大。夫轻若（诺）必寡信，多易者必多难。是以圣人犹难之，故终无难。

（味、易、细，微支合韵；难、大，元月对转）

第二十七章（王本六十四章）

其安易持也，其未兆易谋也，其脆（脆）易判也，其微易散也。为之其无有也，治之其未乱也。合抱之木，作于豪（毫）末；九成之台，作于纍（蔂）土；百仞之高，始于足下。

（持、谋、有，之部；判、散、乱，元部；土、下，鱼部）

第二十八章（王本六十四章）

为者败之，执者失之。是以圣人无为，故尤败也；无执，故无失也。民之从事也，恒于其成事而败之。故慎终如始，则无败事矣。是以圣人欲不欲，不贵难得之货；学不学，而复众人之所过，以辅万物之自然，而弗敢为。

（败、失，月部；始、事，之部；货、过、然、为，歌元对转）

第二十九章（王本六十五章）

古之为道者，非以明民也，将以愚之也。民之难治，以其智也。故以智智（知）国，国之贼也；以不智智

（知）国，国之德也。恒智（知）此两者，亦稽式。恒智（知）稽式，是谓玄德。玄德深矣，远【矣，与物反矣，乃至大顺】。

（国、贼、德、式，职部；远、反、顺，元文合韵）

第三十章（王本六十六章）

江海之所以能为百谷王者，以其善下之也，故能为百谷王。是【以圣】人之欲高民也，必以其言下之；其欲先民也，必以其身后之。是以居上【而】民弗重，居前而民弗害也。是以天下乐犨（进）而弗厌也。不以其无争邪？故天下莫能与之争。

第三十一章（王本六十七章）

天下皆谓我大，以不宵（肖）。夫唯大，故不宵（肖）。若宵（肖），久矣其细也夫！我恒有三葆（宝），侍（持）而葆（保）之：一曰兹（慈），二曰歛（俭），三曰不敢为天下先。兹（慈），故能勇；歛（俭），故能广；不敢为天下先，故能为成器长。今舍其兹（慈）且勇，舍其歛（俭）且广，舍其后且先，则死矣。夫兹（慈），以陈（阵）则正，以守则固。天之救之，若以兹（慈）卫之。

（宝、保，幽部；勇、广、长，东阳合韵）

第三十二章（王本六十八章）

善为士者不武，善战者不怒，善胜适（敌）者弗与，善用人者为之下。是谓不争之德，是谓用人，是谓肥（配）天，古之极。

（武、怒、与、下，鱼部；德、极，职部；人、天，真部）

第三十三章（王本六十九章）

用兵有言曰：吾不敢为主而为客，不敢进寸而退尺。是谓行无行，攘无臂，执无兵，乃无适（敌）。祸莫大

于无适（敌），无适（敌）则几亡吾葆（宝）矣。①故亢
（抗）兵相若，则哀者胜矣。

（客、尺，铎部；行、兵，阳部；臂、敌，锡部）

注

① 此章含义费解。"无敌"，或以为前后含义不同，后两处乃无视敌人
之义。也可能"乃无敌"的"乃"当从王弼本读"扔"，摧毁义。

第三十四章（王本七十章）

吾言甚易智（知），甚易行；而天下莫之能智（知），
莫之能行。言有宗，事有君。天〈夫〉唯无智（知），是
以不吾智（知）。智（知）我者希，则我贵矣。是以圣人
被褐而怀玉。

（希、贵，微部）

第三十五章（王本七十一章）

智（知）不智（知），上矣；不智（知）智（知），病

矣。夫唯病病，是以不病。圣人【之不】病，以其不病
【病也，是以】不病。

第三十六章（王本七十二章）

【民】不威①威，则大威至矣。毋柙（狎）其所居，
毋厌其【所】生。夫唯弗厌，是以不厌。是以圣人自智
（知）而不自见也，自爱而不自贵也。故去被（彼）取此。

（狎、厌，叶谈对转）

注

① "威"作畏惧解。

第三十七章（王本七十三章）

勇于敢则杀，勇于不敢则栝（活）。此两者，或利或
害。天之所恶，孰智（知）其故？天之道，不争而善胜，
不言善应，弗招自来，繵（坦）然善谋。天罔（网）恢恢
（恢恢），疏而不失。

（杀、活、害，月部；恶、故，铎鱼对转；胜、应、来、谋、恢，蒸之对转）

第三十八章（王本七十四章）

民恒不畏死，奈何其以杀懼（惧）之也？若使民恒不〈必〉①畏死，而为畸（奇）者，吾得而杀之，夫孰敢矣？恒有司杀者，夫代司杀者杀，是代大匠斫也。夫代大匠斫者，希不伤其手矣。

① "不"字各本无，疑是"必"字之抄讹（帛书乙本有"若民恒且必畏死，则恒有司杀者"），"必""不"相讹的情况古书多见。

第三十九章（王本七十五章）

人之饥也，以其取食脱（说—隧）之多也，是以饥。①百姓之不治也，以上之有以为也，是以不治。民之轻死也，以其生之厚也，是以轻死。夫唯无以生为，是贤贵生也。

（多、为，歌部）

① 本章两"饥"字，因马王堆帛书本及传本皆作"饥"，此处姑径
释"饥"。但其实此二字原皆写成"飤"形，疑即上博简《容成
氏》及秦汉砖"邦无飤（食）人"之"食"和云梦郑家湖秦牍
"蚀寒"之"蚀"。"食""治"押之职部韵。邬可晶曾告诉我这
类"蚀／食"就是亏耗、空虚、竭尽之义。百姓亏耗虚尽，是
因为取食之途径太多，亦通。

第四十章（王本七十六章）

人之生也柔弱，其死也伤（凌）信①坚强。万物草木
之生也柔弱，其死也苦（枯）蒿（槁）。故坚强者死之徒
也，柔弱者生之徒也。是以兵强则不胜，木强则核（刻／
剠）②。故强大居下，柔弱居上。

（强、上，阳部；胜、刻，蒸职对转）

① "伤（凌）信"的意思是像冰凌那样冷硬伸直。

②　"刻／尅"取雕镂、割取、截断义，《淮南子·说山》："刀便剃毛，至伐大木，非斧不克。"高诱注："克，截。"

第四十一章（王本七十七章）

天之道，犹张弓者也：高者抑之，下者举之，有馀者损之，不足者辅（补）之。天之【道】，损有馀而奉不足。人之道不然，损不足而奉有馀。孰能有馀而有（又）取奉于天者？唯有道者也。是以圣人为而弗有，成功而弗居，其欲不见贤也。

（举、补，鱼部）

第四十二章（王本七十八、七十九章）

天下莫柔弱于水，而功（攻）坚强者莫之能失（佚／轶）①也，以其无以易之也。故水之胜刚，弱之胜强，天下莫弗智（知），而莫能居，莫能行。故圣人之言云：受国之诟，是谓社稷之主；受国之恙（祥），是谓天下之王。正言若反。和大怨，必有馀怨，安可以为善？是以圣人执左契，而不以責于人。故有德司契，无德司肆^②。天道无亲，恒与善人。

（刚、强、居、行，阳鱼对转；询、主，侯部；祥、王，阳部；反、怨、善，元部；契、肆，月质合韵；人、亲，真部）

① "佚（轶）"是超过的意思，与传世本或作"先""胜"义近。
② "肆"即《论语·宪问》"吾力犹能肆诸市朝"的"肆"，杀的意思。

第四十三章（王本八十章）

小国寡民，使有什佰人之气（器）而勿用，使民重死而远徙。有舟车，无所乘之；有甲兵，无所陈之。使民复结绳而用之。甘其食，美其服，乐其俗，安其居。邻国相望，鸡狗之音相闻，民至老而死，不相往来。

（车、兵，鱼阳对转；食、服，职部）

第四十四章（王本八十一章）

信言不美，美言不信；智者不博，博者不智；善者不辩，辩者不善。圣人无责（积），气（既）以为人，己俞（愈）有；气（既）以予人，己俞（愈）多。天之道，利而弗害；人之道，为而弗争也。凡二千九百卌二

（辩、善，元部）

老 子 下 经

第四十五章（王本一章）

道可道，非恒道殹（也）；名可命，非恒名也。无名，万物之始也；有名，万物之母。故恒无欲，以观其眇；恒有欲，以观其所侥。此两者同出，异名同谓。玄之有（又）玄之①，众眇之门。

（命、名，耕部；始、母，之部；妙、侥，宵部；出、谓，物部；玄、门，真文合韵）

注

① "玄之又玄之"，传本及帛书本皆无后一"之"字。

第四十六章（王本二章）

天下皆智（知）美之为美，亚（恶）已；皆智（知）善之为善，斯不善矣。故有无之相生，难易之相成，长短之相刑（形），高下之相顷（倾），言〈音〉声之相和，先后之相随①。是以圣人居无为之事，行不言之教。万物作而弗辭（辞），为而弗侍（恃），成功而弗居②。夫唯弗居，是以弗去。

（生、成、形、倾，耕部；和、随，歌部；事、辞、恃，之部；居、去，鱼部）

注

① 帛书甲、乙本"随"下有"恒也"二字，各本皆无。
② "居"古有"姬"音（参看王恩田《泰安大汶口汉画像石历史故事考》），或以为"居"与前诸之部字为韵，后二句转韵。或以"居"字读音前后不同，"后二句为后来所加入"（蒋伯潜《诸子通考》，第 320 页），恐非。

第四十七章（王本三章）

不上（尚）贤，使民不争；不贵难得之货，使民不为盗；不见可欲，使心不乱。是以圣人之治也，虚其心，实其腹，弱其志，强其骨。恒使民无智（知）无欲。使夫智（知）不敢、弗为，则无不治矣。

第四十八章（王本四章）

道沖（冲），而用之有（又）弗盈。渊旖（兮），佁（似）万物之宗。桩（挫）其脱（锐），解其纷，和其光，同其袗（尘）。湛旖（兮）佁（似）或存。吾不智（知）其谁子，象帝之先。

（冲、宗，冬部；纷、尘、存、先，文部）

第四十九章（王本五章）

天地不仁，以万物为刍狗；圣人不仁，以百姓为刍狗。天地之间，其犹橐籥虖（乎）？虚而不屈，动而揄（愈）出。多闻数穷，不若守于中。

（屈、出，物部；穷、中，冬部）

第五十章（王本六章、七章）

谷神不死，是谓玄牝；玄牝之门，是谓天地之根。绵虖（乎）若存，用之不堇（勤）。天长地久。天地之所以能长且久者，以其不自生也，故能长生。是以圣人后其身而身先，外其身而身存。不以其无私虖（乎）？故能成其私。

（死、牝、私，脂部；门、根、存、勤、先，文部①）

① 或以为"牝"有毗忍切音，又与"门"合韵。

第五十一章（王本八章）

上善如水。水善利万物，而有（又）争【居】众人之所恶，故几于道矣。居善地，心善渊，予善天，言善信，正（政）善治，事善能，动善时。夫唯不争，故无尤。

（渊、天、信，真部；矣、治、能、时、尤，之部）

第五十二章（王本九章）

持而盈之，不如其已；桓（揣）而允（鋭—锐）之，不可长葆（保）。金玉盈室，莫能守；富贵而骄，自遗咎。功遂身退，天之道也。

（保、守、咎、道，幽部）

第五十三章（王本十章）

载荥（营）魄抱一，能毋离虖（乎）？槫（抟）气致柔，能婴儿虖（乎）？脩（涤）除玄鉴，能毋有疵虖（乎）？爱民活国，能毋以智虖（乎）？天门启闭，能为雌虖（乎）？明白四达，能毋以智虖（乎）？故生之畜之，生而弗有，长而弗宰，是谓玄德。

（离、儿、疵、智、雌，支部；之、有、宰、德，之职对转）

第五十四章（王本十一章）

卅辐同一毂，当其无，有车之用也。挺殖（埴）器，当其无，有殖（埴）器之用也。凿户牖，当其无，有室之用也。故有之以为利，无之以为用。

第五十五章（王本十二章）

五色令人目肮（盲），毆（驱）骋田猎令人心发狂；难得之货令人行方（妨），五味令人之口爽，五音令人之耳聋。是以圣人为腹不为目，故去被（彼）取此。

（盲、狂、妨、爽、聋，阳东合韵；腹、目，觉部）

第五十六章（王本十三章）

宠辱若【惊】，贵大患若身。何谓宠辱？宠为下，是谓宠辱。得之若惊，失之若惊，是谓宠辱若惊。何谓贵大患若身？吾所以有大患者，为吾有身；及吾无身，吾有何患？故贵以身为天下，若可以橐（托）天下；爱以身为天下，若可以寄天下。

（惊、身，耕真合韵）

第五十七章（王本十四章）

视而弗见，命之曰夷；听而弗闻，命之曰希；搏①而弗得，命之曰微。参（三）也，不可致计，故运（浑）而为一。参（三）也，其上不杲（皦），其下不没（昧）。台（怡）台（怡）微微，不可命，复归于无物。是谓无状之状，无物之象，是谓没（惚）芒（恍）。随而不见其后，迎而不见其首。执古②之道，以御今之有，以智（知）古以（始），是谓道纪。

（夷、希、微、计，脂微合韵；昧、微、物，物微对转；状、象、恍，阳部；首、道，幽部；有、始、纪，之部）

注

① 此"搏"字当是"把""执"一类意思。《吕氏春秋·首时》："伍子胥说之半，王子光举帷，搏其手而与之坐。"高诱注："搏执子胥之手，与之俱坐，听其说。"
② "古"字，帛书甲、乙本皆作"今"。

第五十八章（王本十五章）

古之为士者，微眇（妙）玄达，深不可识。夫唯不可识，故强为之颂（容）曰：就（蹴）虖（乎）其如冬涉水，犹虖（乎）其如畏四邻，严（俨）虖（乎）其如客，涣虖（乎）其如冰之泽（释），枕虖（乎）其如朴，沌虖（乎）其浊，广（旷）虖（乎）其如浴（谷）。孰能浊以静之徐清，孰能安以动之徐生。抱此道者不欲盈。夫唯不盈，是以能敝不成。

（士、识，之职对转；客、释，铎部；朴、浊、谷，屋部；清、生、盈、成，耕部）

第五十九章（王本十六章）

至（致）虚极，积正督（笃）。万物并作，吾以观其复。天物云云（芸芸），各复归其根，曰静，静曰复命。复命，常也；智（知）常，明也。不智（知）常，忘（妄）作，凶。智（知）常曰容，容乃公，公乃王，王乃天，天乃道，道乃久，没而不殆。

（笃、复，觉部；芸、根，文部；静、命，耕部；常、明，阳部；凶、容、公、王，东阳合韵；道、久、殆，幽之合韵）

第六十章（王本十七、十八、十九章）

大（太）上，下智（知）有之；其次，亲誉之；其次，畏之；其下，母（侮）之。信不足，安（焉）有不信。犹虖（乎）其贵言。成功遂事，百姓曰我自然。故大道废，安（焉）有仁义；智慧出，安（焉）有大伪；六亲不和，安（焉）有孝兹（慈）；国家揩（昏）乱，安（焉）有贞臣。绝圣弃智，民利百倍；绝仁弃义，民复孝兹（慈）；绝巧弃利，盗贼无有。此参（三）言以为文未足，故令之有所属：见素抱朴，少私寡欲。

（言、然，元部；义、伪、和，歌部；慈、倍、有，之部；足、属、朴、欲，屋部）

第六十一章（王本二十章）

绝学无忧，唯与何（阿），其相去几何？美与恶，其相去何若？人之所畏，不可以不畏人。芒（荒）虖（乎），未央哉！众人皍皍（熙熙），若乡（享）大牢而菩（春）登台。我袙（泊）旖（兮）未佻（兆），若婴儿之未眩（咳）。纍旖（兮），台（似）无所归。众人皆有馀，而我蜀（独）遗。我愚人之心也，屯屯（沌沌）虘（乎），犹人①昭昭，我蜀（独）若昏；犹人计计（察察），我独昏昏。没（忽）旖（兮），其如晦（海）；芒（恍）旖（兮），其无所止。众人皆有以，而我独抚（顽）以鄙。我欲独异于人，而唯贵食母。

（阿、何，歌部；恶、若，铎部；荒、央，阳部；熙、台，之部；纍、归、遗，微部；海、止、鄙、母，之部）

注

① "犹人"之"犹"，帛书甲、乙本作"鬻"，传本作"俗"。按"鬻"当读"犹"，"犹人"即普通人、一般人，《史记·李斯列传》："斯其犹人哉，安足与谋。"孔子常用"犹人"自谦自己各方面属中人之才，如《论语·述而》："文莫（按：犹言'勉强'），吾犹人也。躬行君子，则吾未之有得。"《论语·颜渊》："子曰：'听讼，吾犹人也，必也使无讼乎！'"传本"俗人"为俗人所改。

第六十二章（王本二十一章）

孔德之容，唯道是从。道之物，唯証（恍）唯没（惚）。没（惚）旖（兮）証（恍）旖（兮），其中有象旖（兮）；証（恍）旖（兮）没（惚）旖（兮），其中有物旖

（兮）。幽旖（兮）冥旖（兮），其中有请（精）旖（兮）。其请（精）甚真，其中有信。自今及古，其名不去，以说（阅）众父。吾何以智（知）众父之然哉？以此。

（容、从，东部；物、惚，物部；恍、象，阳部；冥、精，耕部；真、信，真部；古、去、父，鱼部）

第六十三章（王本二十二章）

曲则全，枉则正，洼则盈，敝则新，少则得，多则或（惑）。是以圣人执一以为天下牧。不自见故明，不自视故章（彰），不自发（伐）故有功，弗矜故长。夫唯无争，故天下莫能与之争。古之所谓曲全者，几语邪？诚全归之也。

（全、正、盈、新，元耕真合韵；得、惑、牧，职部；明、彰、功、长，阳东合韵）

第六十四章（王本二十三章）

希言自然。故剽（飘）风不终朝，趋（骤）雨不终日。孰为此？天地弗能久，而兄（况）于人虖（乎）？故从事而道者同于道，得者同于德，失者同于失。故同于道者，道亦得之；同于失者，道亦失之。信不足，安（焉）有不信。

第六十五章（王本二十四章）

炊者不立[1]，自见者不明，自视者不章（彰），自发（伐）者无功，矜者不长。其在道也，斜（馀）食、叕（缀/赘）行，物或恶之，故有欲者弗居。

（明、彰、功、长、行，阳东合韵；恶、居，铎鱼对转）

注

[1] 徐梵澄说"炊爨之事，必俯身为之"（《老子臆解》，第 61 页），可参考。

第六十六章（王本二十五章）

有物纶（混）成，先天地生。肃（寂）觉（寥），独立而不孩（改），偏（遍）行而不殆，可以为天地毋（母）。吾不智（知）其名，其字曰道，吾强为之名曰大。大曰噬（逝），噬（逝）曰远，远曰反（返）。天大，地大，道大，王亦大。或（域）中有四大，而王居一焉。人灋（法）地，地灋（法）天，天灋（法）道，道灋（法）自然。

（成、生，耕部；改、殆、母，之部；大、逝，月部；远、返，元部）

第六十七章（王本二十六章）

重为轻根，静为趮（躁）君。是以君子冬（终）日行，而不远其辎重。唯（虽）有荣馆，燕处超若。奈何万乘之王，而以身轻于天下？轻则失本，趮（躁）则失君。

（根、君、本，文部；行、重、王，阳东合韵）

第六十八章（王本二十七章）

善行者无邀（辙）迹，善言者无瑕適（谪），善数者不用梼（筹）策，善闭者无关键，不可启；善结者无绳约，不可解。故圣人恒善救人，而无弃人，物无弃财（材），是谓欲（裕）①明。善人，善人之师也；不善人，善人之资也。不贵其师，不爱其资，唯（虽）智必大迷，此谓眇（妙）要。

（迹、谪、策、启、解，锡支对转；闭、结，质部；师、资、迷，脂部）

注

① "欲"字，马王堆帛书甲、乙本作"悤""叟"（魏宜辉《北大汉简〈老子〉异文校读五题》，第73页）。"欲""悤""叟"可能都应读为"裕"。今本此处作"袭明"，"袭"字与52章"用其光，复归其明，毋遗身央（殃），是谓袭常"的"袭（王弼本、河上公本作'习'）常"同，沿袭顺从之义；"裕"字也有"道"义（《方言》卷三），"裕明"意为取道于明，"习常""袭明"是"以人道模仿或逼近天道"（韦政通主编《中国哲学辞典大全》，第535页），义同。

第六十九章（王本二十八章）

智（知）其雄，守其雌，为天下豀；为天下豀，恒德不离，复归于婴儿。智（知）其白，守其辱（黣），为天下谷；为天下谷，恒德乃足，复归于朴。智（知）其白，守其黑，为天下武〈式〉；为天下武〈式〉，恒德不贰（忒），复归于无极。朴散则为成器，圣人用则为官长。

（雌、豁、离、儿，支部；黰、谷、足、朴，屋部；黑、式、忒、极，职部）

第七十章（王本二十九章）

大制无界。①将欲取天下而为之，吾见其不得已。天下神器，非可为，为之者败，执之者失之。物或行或随，或热或炊（吹），或强或挫（挫），或伓（培）或隋（堕）。是以圣人去甚，去奢，去泰。

（之、已，之部；随、黱、挫、堕，歌部）

 注

① "大制无界"，传本和帛书甲、乙本作"大制无割"（传本多属上一章）。北大本的意思可能是说最大的控制是不需要设定界域的，意思与27章开头几句相近。

第七十一章（王本三十章）

以道佐人主，不以兵强于天下。其事好睘（还）。师之所居，楚棘生之。善者果而已，不以取强。故果而毋矜，果而毋骄，果而毋发（伐），果而毋不得已。物壮则老，谓之不道，不道蚤（早）已矣。

（下、居、强，鱼阳对转；已、矣，之部；老、道，幽部）

第七十二章（王本三十一章）

夫锥美①，不羕（祥）之器也，物或恶之，故有欲者弗居也。是以君子居则贵左，用兵则贵右。兵者，非君子之器也，不羕（祥）之器也。不得已而用之，恬（铦）偻（庞）②为上，弗美。若美之，是乐之；乐之，是乐杀人。是乐杀人，不可以得志于天下。是以吉事上（尚）左，丧事上（尚）右。扁（偏）将军居左，上将军居右，言以丧礼居之。杀人众，则以悲哀立（莅）之。战胜，以丧礼居之。

（恶、居，铎鱼对转；右、之，之部；众、胜，冬蒸合韵）

注

① "觟美"，传本多作"佳兵"，傅奕本作"美兵"，义皆近似，"美""兵"汉代文字亦形近易讹。《西京杂记》卷四"文固阳射雉"条："用觟矢以射之，日连百数"，似"觟"是形容一种特殊的铜兵。从字音上考虑，可能是指歧头分叉的兵器，《说文·戈部》"戟，有枝兵也"，《释名·释兵》："戟，格也，旁有枝格也。"商墓中已有戈矛连装戟，东周以后墓葬常见多戈戟，此类兵器多较华美（有的有错金铭文，如曾侯乙墓三戈戟），似有陈列仪仗的作用，曾侯乙墓内棺漆画也有此类图像，为神人形象所持，或许有凶事中的辟邪功用。此或即兵之"觟美"者，故为不祥之器。

② "庞"从帛书甲本读，"铦庞"谓铦利而坚致（《淮南子·氾论》："古者民醇、工庞、商朴、女重。"高诱注："工庞，器坚致也。"此坚致义应是从"淳庞"的淳朴厚重义引申而来），参看陈剑《释郭店楚简〈老子〉中的"繍"》（《古籍整理研究学刊》2019年第 1 期）。

第七十三章（王本三十二章、三十三章）

道恒无名，朴唯（虽）小，天下弗敢臣。侯王若能守之，万物将自宾。天地相合，以俞（逾）甘露，民莫之令，而自均安（焉）。始正有名，名亦既有，夫亦将智（知）止，智（知）止所以不殆。避（譬）道之在天下，犹小谷之与江海。故智（知）人者智，自智（知）者明。

胜人者有力，自胜者强。智（知）足者富，强行者有志，不失其所者久，死而不亡者寿。

（臣、宾、均，真部；令、名，耕部；有、止、殆、海、力、富、志、久、寿，之职对转，幽部合韵；明、强，阳部）

第七十四章（王本三十四章）

道泛旖（兮），其可左右。万物作而生弗辞，成功而弗名有。爱利万物而弗为主。故恒无欲矣，可名于小；万物归焉而弗为主，可名于大。是以圣人能成大也，以其不为大，故能成大。

（右、辞、有，之部）

第七十五章（王本三十五章）

执（设）大象，天下往。往而不害，安（焉）平大。乐与饵，过客止。道之出言曰：淡旖（兮）其无味，视之不足见，听之不足闻，用之不可既也。

（象、往，阳部；害、大，月部；饵、止，之部；言、见，元部；味、闻、既，微、文、物对转）

第七十六章（王本第三十六章）

将欲欲（翕）之，必古（固）张之；将欲弱之，必古（固）强之；将欲废之，必古（固）举之；将欲夺之，必古（固）予之。是谓微明。哭弱胜强。鱼不可说（脱）于渊，国之利器不可以视（示）人。

（张、强、明，阳部；废、夺，月部；举、予，鱼部；渊、人，真部）

第七十七章（王本三十七章）

道恒无为。侯王若能守之，万物将自化。化而欲作，吾将真（填）之以无名之朴。无名之朴，夫亦将不辱。不辱以静，天下将自正。凡二千三百三

（为、化，歌部；朴、辱，屋部；静、正，耕部）

参考文献

白于蓝《读郭店简琐记（三篇）》,《古文字研究》第26辑，中华书局2006年；

北辰（郑天星）《〈老子〉在欧洲》,《宗教学研究》1997年第4期；

北京大学出土文献研究所编《北京大学藏西汉竹书〔贰〕》，上海古籍出版社2012年；

曹峰《读〈殷高宗问于三寿〉上半篇一些心得》，收入丁四新主编《楚地简帛思想研究》第6辑，岳麓书社2015年；

曹峰《〈老子〉首章与"名"相关问题的重新审视——以北大汉简〈老子〉的问世为契机》，收入《中国古代"名"的政治思想研究》，上海古籍出版社2017年；

陈鼓应《老子注译及评介》，中华书局1984年；

陈鼓应《老子注译及评介》，中华书局2009年；

陈徽《老子新校释译——以新近出土诸简、帛为基础》，上海古籍出版社 2017 年；

陈剑《释郭店楚简〈老子〉中的"緐"》，《古籍整理研究学刊》2019 年第 1 期；

陈敏之《关于〈老子〉的笔记》，收入顾准著，陈敏之、罗银胜编《顾准文集（增订珍藏本）》，福建教育出版社 2010 年；

陈荣捷《战国道家》，收入陈荣捷著、朱荣贵编《中国哲学论要》，华东师范大学出版社 2021 年；

陈寅恪《陈垣敦煌劫余录序》，《金明馆丛稿二编》，生活·读书·新知三联书店 2002 年；

陈柱《老学八篇（外一种）》，华东师范大学出版社 2021 年；

崔晓姣《"水善利万物而有争"——从北大汉简〈老子〉看〈老子〉第八章及〈老子〉文本的发展与演变》，《中国哲学史》2015 年第 1 期；

邓晓芒《中西人生观念之比较》，《湖南社会科学》2001 年第 3 期；

樊波成《严遵〈老子章句·道经〉辑佚》，收入《〈老子指归〉研究》，华东师范大学出版社 2020 年；

冯友兰《中国哲学史新编》第二册，《冯友兰文集》第九卷，长春出版社 2017 年；

高亨《老子正诂》，中国书店 1988 年据开明书店 1943 年本影印；

高明《帛书老子校注》，中华书局 1996 年；

［日］高木智见著，何晓毅译《先秦社会与思想——试论中国文化的核心》，上海古籍出版社 2011 年；

葛兆光《众妙之门——北极与太一、道、太极》，《中国文化》1990 年第 2 期；

顾准《老子的"无名"是反对孔子的伦常礼教的有名论的吗？》，收入顾准著，陈敏之、罗银胜编《顾准文集（增订珍藏本）》，福建教育出版社 2010 年；

郭永秉《再谈郭店简〈语丛四〉8、9 号简与〈庄子·胠箧〉之关系及相关问题》，收入《古文字与古文献论集》，上海古籍出版社 2011 年；

郭永秉《关于〈老子〉第一章"道可道"、"名可名"两句的解释》，收入《古文字与古文献论集续编》，上海古籍出版社 2019 年；

河北省文物研究所、定州汉墓竹简整理小组《定州汉墓竹简论语》，文物出版社 1997 年；

胡百涛《玄门首经：道德经》，中州古籍出版社 2017 年；

蒋伯潜《诸子通考》，吉林人民出版社 2013 年；

（宋）黎靖德编，杨绳其、周娴君校点《朱子语类》，岳麓书社 1997 年；

李存山注译《老子》，中州古籍出版社 2008 年；

李零《老李子和老莱子》，《中国哲学史》1997 年第 2 期；

李零《"太一"崇拜的考古学研究》，收入《中国方术续考》，东方出版社 2000 年；

李零《中国方术考（修订本）》，东方出版社 2001 年；

李若晖主编《老子异文总汇》，上海辞书出版社 2019 年；

李若晖《老子集注汇考》第 1 卷，上海辞书出版社 2015 年；

李若晖《道论九章：新道家的"道德"与"行动"》，上海人民出版社 2017 年；

李学勤《谈祝融八姓》，《江汉论坛》1980 年第 2 期；

李学勤《〈称〉篇与〈周祝〉》，收入陈鼓应主编《道家文化研究》第三辑，上海古籍出版社 1993 年；

李学勤《叔多父盘与〈洪范〉》，收入饶宗颐主编《华学》第五辑，中山大学出版社 2001 年；

李学勤《楚简〈恒先〉首章释义》，收入《文物中的古文明》，商务印书馆 2008 年；

李宗侗《中国古代图腾制度及政权的逐渐集中》，收入《中国古代社会新研：历史的剖面》，中华书局 2010 年；

李维琦译《白话国语》，岳麓书社 1994 年；

刘殿爵《马王堆汉墓帛书老子初探（下）》，《明报月刊》1982 年 9 月；

刘师培《刘申叔遗书》，江苏古籍出版社 1997 年；

刘笑敢《老子之自然与无为概念新诠》，《中国社会科学》1996 年第 6 期；

刘笑敢《"反向格义"与中国哲学研究的困境——以老子之道的诠释为例》，《南京大学学报》2006 年第 2 期；

刘笑敢《简帛本〈老子〉的思想与学术价值——以北大汉简为契机的新考察》，《国学学刊》2014 年第 2 期；

刘泽华主编《中国政治思想史·先秦卷》，浙江人民出版社 2020 年；

鲁迅《致许寿裳》，收入《鲁迅全集》第 9 卷，人民文学出版社 1958 年；

陆永品《为老子〈道德经〉正名》，收入《老庄新论》，中央编译出版社 2014 年；

罗义俊《〈老子〉入门》，上海古籍出版社 2006 年；

吕思勉《先秦学术概论》，收入《吕思勉全集》第三卷，上海古籍出版社 2016 年；

马叙伦《老子校诂》，古籍出版社 1956 年；

缪哲《从灵光殿到武梁祠：两汉之交帝国艺术的遗影》，生活·读书·新知三联书店 2021 年；

［美］邰谧侠（Misha Tadd）《〈老子〉译本总目》，《国际汉学》2019 年增刊第 1 期；

宁镇疆《〈老子〉"同文复出"现象的初步研究》，《齐鲁学刊》2001 年第 4 期；

裘锡圭《考古发现的秦汉文字资料对于校读古籍的重要性》，收入《裘锡圭学术文集·语言文字与古文献卷》，复旦大学出版社 2012 年；

裘锡圭《〈稷下道家精气说的研究〉补正》，收入《裘锡圭学术文集·古代历史、思想、民俗卷》，复旦大学出版社 2012 年；

裘锡圭《说"格物"——以先秦认识论的发展过程为背景》，收入《裘锡圭学术文集·古代历史、思想、民俗卷》，复旦大学出版社 2012 年；

裘锡圭《说"建之以常无有"》，收入《裘锡圭学术文集·古代历史、思想、民俗卷》，复旦大学出版社 2012 年；

裘锡圭《老子与尼采》，收入《裘锡圭学术文集·古代历史、思想、民俗卷》，复旦大学出版社 2012 年；

裘锡圭主编《长沙马王堆汉墓简帛集成》第四册，中华书局 2014 年；

裘锡圭《老子今研》，中西书局 2021 年；

钱宝琮《太一考》，《燕京学报》1932 年第 12 期；

钱基博《国学要籍解题及其读法》，上海古籍出版社 2012 年；

钱锺书《管锥编》，中华书局 1986 年第二版；

任继愈《老子绎读》，北京图书馆出版社 2006 年；

王博《老子思想的史官特色》，文津出版社 1993 年；

王恩田《泰安大汶口汉画像石历史故事考》，《文物》1992 年第 12 期；

王夫之《读四书大全说》，收入傅云龙、吴可主编

《船山全书》第五卷，北京出版社 1999 年；

王卡点校《老子道德经河上公章句》，中华书局 1993 年；

王水照《"皮里阳秋"与"诗可以怨"》，《东方早报》2010 年 3 月 7 日 B03 版；

王引之《经义述闻》，商务印书馆 1936 年；

魏启鹏《楚简〈老子〉柬释》，收入陈鼓应主编《道家文化研究》第十七辑，生活·读书·新知三联书店 1999 年；

魏宜辉《北大汉简〈老子〉异文校读五题》，《安徽大学学报》（哲学社会科学版）2013 年第 6 期；

魏源《老子本义》，上海书店 1987 年影印商务印书馆 1935 年排印本；

韦政通主编《中国哲学辞典大全》，水牛出版社 1983 年（世界图书出版公司 1989 年重印）；

邬国义、胡果文、李晓路《国语译注》，上海古籍出版社 2017 年；

邬可晶《郭店〈老子〉甲组 21 号简有关异文的解释》，收入张宏生主编《人文中国学报（第二十五期)》，上海古籍出版社 2017 年；

邬可晶《对〈管子·水地〉篇与郭店简〈太一生水〉"水生说"比较的补充意见》，《出土文献》2020 年第 3 期；

武汉大学简帛研究中心、荆门市博物馆编著《郭店楚墓竹书》，文物出版社 2011 年；

辛战军《老子译注》，中华书局 2006 年；

邢义田《画外之意：汉代孔子见老子画像研究》，生活·读书·新知三联书店 2020 年；

徐梵澄《老子臆解》，崇文书局 2018 年；

许慎著、段玉裁注、许惟贤整理《说文解字注》，凤凰出版社 2015 年；

严可均辑《全上古三代秦汉三国六朝文》第一册，河北教育出版社 1997 年；

颜中其《〈老子〉思想源流》，收入吉林师范大学学报编辑部编《中国古代史论文集》，吉林师范大学出版社 1979 年；

杨宽《战国史》，上海人民出版社 2016 年；

余嘉锡《古书通例》，上海古籍出版社 1985 年；

张岱年《中国古典哲学概念范畴要论》，中华书局 2017 年；

张舜徽《周秦道论发微》，华中师范大学出版社 2005 年；

赵锡元《读〈老子〉札记》，《吉林大学社会科学学报》1985 年第 6 期；

郑良树《老子新论》，上海古籍出版社 2011 年；

钟泰《中国哲学史（上古卷）》，收入钟泰著，陈赟编《钟泰学术文集》，上海人民出版社 2012 年；

朱大星《从敦煌写卷看〈老子〉的成书——兼论敦煌五千文本〈老子〉的来源》，《文献》2007 年第 3 期；

朱谦之《老子校释》，龙门联合书局 1958 年。

后　记

　　整整一年之前，我刚调回复旦大学中文系工作不久的4月29日下午，陈引驰老师来电话，赐告他主持的"中华经典通识"系列丛书的编纂设想、选目、写作要求及作者人选等情况，并邀请我撰写《〈老子〉通识》一册。在此之前，同样受邀担任丛书《〈诗经〉通识》编写任务的、今已执教于浙江大学马一浮书院的傅杰师也在微信中大致对我介绍过丛书的情况，并让我考虑是否写一本《〈老子〉通识》。二位师命难违，而且考虑到全书是普及性读本、预设的篇幅不大，可以努力在教学之余挤出时间完成，所以在跟引驰老师的通话中就立即答应了。

　　接受这项任务，还有私心的考虑。在复旦读书期间，引驰老师曾两次邀我参与合作翻译和译注古书的工作，但都没有开花结果：一次英译的部分书稿大概是因为出版社版权的缘故无疾而终；另一次是因我本人的懒惰，与引驰老师、盛韵同学一起译注《世说新语》的机会失之交臂。此次有幸参与丛书当中，也可弥补十余年前的一些歉憾。

后来，引驰老师还请郭时羽师妹赐下在中华上海聚珍新出版的《庄子讲义》学习，并对《〈老子〉通识》小书的撰写多有关心指教，谆谆勉励我要"为浅人说法"，我则很担心限于自己认识的"浅陋"与"昏昏"，而无法"使人昭昭"，更全无能力像《庄子讲义》那样雅俗同赏；如无引驰老师的督责，小书即以如此面貌呈现在读者面前，恐怕也是很难做到的。

我个人对《老子》不敢说有多少独到之见，但与《老子》缘分则颇深。20 世纪 90 年代在复旦读本科时，最初接触到《老子》全书，是缘于傅杰师推荐全班阅读陈鼓应先生的《老子注译及评介》。认真读完陈先生这本书之后，有感于该书没有像杨伯峻先生《论语译注》书后所附的《论语词典》那样的《老子词典》，查找词义、出处颇不便，便在二年级的暑假当中，发心手工统计做一部《老子词典》。《老子》虽然仅仅五千言，但工作量仍然太大，一个暑假最终也没有把全部词条写完，但两大本笔记本的词典未完稿是自己在读书过程中第一次独立完成的带有一些学术含量的成果。一个刚在学问门口窥望的小子，怀揣初生牛犊的莽撞，不但没有电脑查检排序，更全然不知早有《老子索引》之类的工具书可以利用，大暑天中挥汗排比、统计、归类、抄写，这份"傻气"虽有点可笑，似乎却也冥合了《老子》反对巧利、主张愚拙的精神。

因此写这本小书，一则是尝试把自己多年来积累的一些认识与思考和盘托出，同时也是以我的亲身经历来告诉大家，《老子》是一个具有基本文化修养的中国人应该一读的书，作为有高中、本科文言和知识水平的学生，其实也完全具备读《老子》的能力了。

现在回想，自己真正开始对老子思想有所体会，是从我大约工作前后读到裘锡圭先生《关于〈老子〉的"绝仁弃义"和"绝圣"》一文开始的，因为这篇文章而开始考虑《老子》文本演变的一些问题。我曾对裘先生关于18、19章的改窜出于战国晚期撰作《胠箧》等篇老庄后学之手的看法表达过一些不同意见，蒙裘先生在《裘锡圭学术文集》该篇的"编按"中采择肯定，我的《再谈郭店简〈语丛四〉8、9号简与〈庄子·胠箧〉之关系及相关问题》一文，又就此阐述过一些具体想法。此后，无论是重新整理、研究马王堆帛书，还是写关于《老子》第一章"道可道"几句理解问题的文章，都是在裘先生直接的、极为细致的指导下开展相关工作的，这些研究工作促使我更加认真地去研读相关文献、理解老子思想，逐步学习体会古典学的研究方法。虽然对老子思想的感悟并不很深，但《老子》这部书算是伴随着我从学、从教的经历不断认真阅读学习的。

裘先生近年以耄耋高龄，坚持深刻反思《老子》文本的历代诠释、回归老子思想本貌，提出了不少有异于以往的新见，并出版了《老子今研》一书，令文史哲同行深深感佩。去年裘先生曾赐下大著，我认真重温了其中认真拜读过的篇章，含英咀华，感受益深。本书撰写过程中，参考并得益于裘先生大著者甚多，谨此鸣谢并深致敬意。小书涉及《老子》文本及其思想的部分，间或也提出了一些与先生不尽相同的看法，甚至放弃了过去曾相信的某些观点，相关章节不啻是交给裘先生审阅的一份读书报告作业。因为丛书体例、篇幅所限，这些问题有些只能一笔带过，不能过细地分析讨论及大量出注，读者或可按照本书参考文献所列按图索骥，补充阅读相关论著并加以思考判断。

在本书撰写过程中，曾就部分问题向本校出土文献与古文字研究中心邬可晶和哲学学院何益鑫两位同事请教，获益良多；承中国社会科学院古代史研究所陈丽萍女士大力帮助，加上了不少敦煌文献图版，为全书增色不少，谨此一并感谢。责编胡正娟女士为本书编审出版付出巨大心力，尤其是因疫情封控不能正常上班上学期间，正娟女士在照顾家庭的同时还坚持高效工作，商量相关编辑与出版事宜，保证了小书的正常出版。中华书局上海聚珍副总贾雪飞女士为丛书的编纂出版工作也倾注了大量心血。初稿交付后，贾总与正娟女士提出了很好的修改补充意见，亦协同增配多幅相关图片，书中多予吸纳，谨此致谢。

小书在教学科研之余匆促写成，积累有限、考虑未周，必然有许多缺点和错误，希望读者不吝提出宝贵批评意见，以便将来修改完善。

落笔写这篇后记时，禁足书斋已整整一月。在这样一段极不正常的生活经历中，很多人都遭受了身与心的创伤，枯坐之时，我常常想的是，《老子》在今天会给处于极端艰困中的普通人以一些什么启示与慰藉呢？我想，也许有三点值得一提。

首先，《老子》提醒我们的很重要的一点是，即使足不出户，也要把眼光放远，要知天下大势，要明天道所归（47章）。我们千万不要把视野局限于短暂的十四天、一个月、一年，要站得高远一些，看得宏阔一些，眼下的这一刻，是会很快翻过的一个片段，今后的历史也许会证明它的巨大意义。

其次，《老子》要我们从身边的善与不善中汲取于己有益的东西（49章），强调"慈"为一宝（67章）。善与不善都有其产生的背景和土壤，往往只是事情的两面，我们不可模糊善恶的界限，但常需认识到对与错不易简单说清道明，对于极端状况下的人世百态、众口嚣嚣，则更当以悲悯之心看待。在信息茧房中，不必对有异于自己想法的人事动辄生怒甚至破口骂詈。例如普通人对于疫病处置态度与方式之间的撕裂对立，是否陷入了某种有意图的话语陷阱中？这种撕裂真的值得吗？1959 年，英国哲学家罗素接受 BBC 访问，为后世人留下一段珍贵遗言：爱是智慧的，恨则是愚蠢的。在这个相互联系日益紧密的世界，我们要去学会包容对方，必须习得一种慈爱与宽容，这对人类的存续至关重要。看似心灵鸡汤的话语当中，今日看来实有极深的睿智，也值得我个人反思。

最后，我们应该相信"大曰逝，逝曰远，远曰返"（25 章）的"道"的普遍运行规律。王安忆教授 4 月 18 日以视频嘱咐复旦在校封控的学生的话，就自《老子》化出，她说："不要着急，让我们耐心一点，凡事都是有周期的。每一个周期，它有强盛的时候，也会慢慢衰弱，让我们慢慢等待这个困难的周期走完。"确实，在处于巨大转折的艰难时刻，我们尤须抱有耐心，静待并静观其变，既对"道"的伟力有充分的信赖，又对"道"运行过程的曲折性有足够的准备。

郭永秉

2022 年 4 月 30 日于沪上梅川路寓所